力士はなぜ四股を踏むのか？

スポーツコラムニスト
元「日刊スポーツ」相撲担当
工藤隆一◎著

日東書院

まえがき

両国国技館で開催された平成19年初場所は、15日間のうち6日間「満員御礼」の垂れ幕が下がりました。そのうち5日間は正真正銘、水増しなしの満員札止めでした。若乃花、貴乃花の兄弟横綱が引退してからずっと下降線を辿っている大相撲の人気に、若干の回復の兆しが見えてきたような一年のスタートでした。

横綱は朝青龍一人だけ、上位陣は半数が外国人力士、国民的な人気力士もいない中にあって、ほんのわずかかもしれませんが、人気が回復しはじめた理由は何なのでしょうか。

一部の取り組みは確かに面白くなりました。一時期のハワイ出身者による２５０キロを超える巨漢同士がぶつかり合う時代から、最近は技で勝負する力士が増えてきました。国籍のいかんを問わず、個性派がそろってきたことも一因に挙げられるでしょう。また、稀勢の里や豊真将らの若手がかもし出す、他の格闘技に見られない一途で清々しい雰囲気も、スポーツ中継にありがちだったあざとい演出を苦々しく思っていた人にとっては、新鮮に映っているのかもしれません。

そして、もう一つ。これは私自身の独断なのですが、日本的なもの、日本固有の文化や価値観に対しての回帰現象の一つに相撲があるのではないか、という説です。つまり、バブル崩壊後、規制緩和こそ幸福への最大の処方箋としてきた日本社会が、結局はぎすぎすした弱肉強食の格差社会しか作り出せなかったことに、日本人自身が気づきはじめたのではないか、という仮説です。「日本人的なもの」が凝縮されている相撲に、日本人が無意識のうちに「なくしたものの大切さ」を抱きはじめたのではないでしょうか。

昭和49年、スポーツ新聞社に入社して2年目の私は、生まれて初めて大相撲の本場所を生で見ました。記者として日々の取材をこなしていくうちに、私は至極単純な疑問を持つようになりました。なぜ、力士はまげを結っているのか、なぜまわしを締めているのか、なぜ土俵があるのか、なぜ観客席が枡席なのか、なぜ相撲部屋が存在するのか……等々です。

担当記者として時間が空いたときに、このような雑学的なことを相撲博物館に通って調べていくうちに、今度は、相撲社会全体の仕組み、システムに興味を持つようになりました。たまたま、20代後半のこの時期は、つとめていた新聞社で労働組合に関わっていたこともあって、大相撲の給与の仕組みについて調べているうちに、これが、実に巧みに作り上げられた独特のシステムであることを発見し、ますます相撲社会に興味を持つようになったのです。

あるとき、酒席で上司に「大相撲はただならない世界」であることを力説したことがありました。ところが、返事は「確かに面白いけど、話が理屈っぽいからな」でした。要はスポーツ紙にはふさわしくない切り口ということだったのです。

その後、私は運動部の相撲担当記者を離れ、東北の支社に転勤し、記者から事業部門の管理職になり、新聞社を退職し、食品メーカーに再就職、という人生を歩んで今日に至っているのですが、大相撲の持つ懐の深さは、もっともっと注目されてもいいし、注目するべきなのではないか、と思い続けていました。

　本書の構成は技術論から始まります。相撲という競技は足の裏以外の部分に土が付くか、あるいは土俵という決められた範囲から出てしまえば負けという、非常に洗練されたルールの競技です。それを前提にした技術は決して力だけに頼ってはいません。次に優秀な力士の条件に移り、第3章では相撲の独特の様式美と日本古来の慣習や文化について考察してみました。

　第4章は、現在の大相撲の原型が出来上がった江戸時代中期の価値観が現在でも部分的に相撲社会に残っている点に注目してみました。

　第5章と6章は相撲社会の仕組み、システムについてです。私たちは当たり前のように相撲を観戦していますが、その競技形態、選手（力士）の格付け、合理性などについて、自身の経験と実例を並べてみました。特に、6章では、給料、肩書き、身分といった、一般社会の、特にサラリーマンにとっては避けて通れない項目について、分析しました。

　最後は相撲と私たち一般人との接点についてです。決して特殊な世界ではないこと、庶民の生活と密接に結びついていたことなどを理解してほしい気持ちで書きました。そして、私なりの現状の分析と将来の予測も、終章で記しました。

　本書を読まれた方が「なるほど」「そうだったのか」「へぇー」と感じていただけたならば、私の希望の半分以上は達成されたようなものです。

力士はなぜ四股を踏むのか◇目次

第三章◇相撲は日本文化

第六章◇相撲の経済学

第七章◇相撲文化と一般人の接点

第一章◇独自の技術

基本は重心の低さ

私がまだ駆け出しの相撲記者時代だった昭和49年、たまたま本場所前の朝げいこを取材に行った時津風部屋[※1]の上がり座敷[※2]で、当時の枝川親方（元大関・北葉山[※3]）に教えられたことが今でも忘れられません。ひょろりと背ばかり高く、まだ新聞記者特有のすれっからしな雰囲気を体から発散していなかった私に、技能派、理論派として通っていた親方が、やおら手元の灰皿の脇においてあったマッチ箱を指でいじりながら話し始めました。

「相撲っていうのはな」と言って親方はマッチ箱を立てます。次に普通にマッチ箱を横に置きます。立てたマッチ箱をぽんと指で弾くと簡単に倒れます。ところが横置きにしたマッチ箱は弾いても倒れません。当たり前のことなのですが、親方に言わせると「これが相撲なんだよ」というわけです。つまり、重心が低くて安定している形は崩れにくく、逆に重心が高く不安定な形は倒れやすいことを、新米記者である私に、手元にあったマッチ箱を例に挙げて説明したのです。

枝川親方が言いたかったポイントは「相撲は単純な力比べではない」です。親方自

※1　時津風部屋　時津風は年寄名跡の一つ。横綱・双葉山が引退後に襲名してから注目を集める。その後、元大関・豊山が引き継ぎ、現在は元小結・双津竜が継いでいる。

※2　上がり座敷　相撲部屋で稽古を観戦する場所。土俵より一段高くなっていて、真ん中には師匠が座る。

※3　北葉山俊英　柏鵬時代に活躍した大関。昭和10年5月17日北海道室蘭市生まれ。36年夏7月に新大関。１７３㎝、１１９kgと体には恵まれなかったが、持ち前の闘志と粘り強さで大関30場所をつとめた。引退後は枝川を襲名、長い間審判委員をつとめた。平成12年に定年退職。性格は陽気で、理論家でもあった。

身、最盛期の大関時代で身長１７３センチ、体重１１５キロ。この体で同時代の大鵬[※4]、柏戸[※5]とともに番付上位に名を連ね、大関在位30場所、幕内通算３９６勝２７３敗（21休）の成績を収めています。特に足腰のしぶとさには定評があり、打っちゃりを得意としていました。それだけに、話に説得力があります。相撲は決して体格の大きな力士、力の強い力士が勝つのではなく、むしろ重心の低さ、安定した下半身が大事である点を、上司のデスクに代わって「教育」してくれたのです。「相撲はな、煎じ詰めればバランスの崩し合いのゲームなんだよ」の言葉で、目から鱗が落ちました。

初めて力士を見るとその大きさに誰でも圧倒されます。大きさといっても身長だけならバレーボールやバスケットボール選手のほうがはるかに上背がありますが、いわゆる一人の人間の〝空間占有面積〟はレスラーよりも柔道選手よりも断然力士が上です。感覚的に表現すれば、縦も横も隙間のない厚い壁、といった感じで、この存在感は言い方を変えれば、少々のことでは動かない安定感の具現化です。

力士は確かに身長体重の数字的な大きさもありますが、間近に見たときの「デケェー」という素直な印象の根源は、大木の切り株のようなどっしりした下半身に、それにふさわしい上半身が乗っかっているからだと、相撲を取材しているうちに確信するようになりました。

下半身の充実。具体的には強靭で柔らかい足腰は相撲という競技の基本である「バ

※４　**大鵬幸喜**　第40代横綱。昭和15年5月29日、北海道弟子屈町生まれ。36年九州場所新横綱。優勝32回は歴代1位。１８７cm、１５３kgの均整の取れた大型力士。堅実な取り口で、左四つに組みとめての寄り、上手投げを得意とした。父親はウクライナ人。46年５月に引退。一代年寄大鵬を襲名し、平成17年に定年退職。現在は相撲博物館館長。

※５　**柏戸剛**　第47代横綱。昭和13年11月29日山形県櫛引町生まれ。36年11月の九州場所、ライバルの大鵬とともに新横綱に昇進。優勝は5回と少ないが、一気に土俵を突っ走る速攻相撲で、人気は大鵬と二分されていた。１８８cm、１４６kg。44

ランスの崩し合い」にとって最も重要な要素です。

　このようなことをいちいち説明しなくても、子供に取っ組み合いの相撲を取らせれば強い子は必ず相手の下半身を攻めます。逆に攻められる方は腰を落とし下半身を攻撃されないような体勢を自然に作ります。したがって、力士が最初にマスターしなければならない必須科目は重心を常に低く保つことで、入門直後からけいこのほとんどはそのための訓練に費やされます。

　相撲部屋の朝げいこ[※6]はまず四股踏みから始まります。脚を片方ずつ交互に上げて下ろす単純な運動です。筋力強化とストレッチングが合わさったようなこの動作は、ただ漠然と脚を上げて地面に下ろすだけではないのです。

　一度自分で四股を踏んでみてください。いかに難しいかが実感できるはずです。まず、片脚で自分の体重を支えるのがことのほかきつい。体は前傾するし、片脚を上げるとふらふらするし、脚はまっすぐ伸びないし、太ももの裏は痛くなるしと、散々です。逆に言えば、正しい四股を数多く踏むことによって腹筋、背筋、大腿から下腿の筋肉が強化されるわけです。

　最近では元横綱・千代の富士の九重親方[※7]が美しい四股を踏んでいました。上げた脚の膝がまっすぐに伸び、上半身はあまり前屈せず、脚を下ろしたとき腰がきちんと下りていました。

年7月に引退。年寄鏡山を襲名し、鏡山部屋を創設した。審判部長をつとめたが、平成8年12月に58歳で没した。

※6　朝げいこ　けいこは練習のこと。相撲部屋のけいこは朝5時頃から10時半頃まで行われる。食事を取らず、朝に集中して行われるため、朝げいこといわれているが、相撲界内部では単にけいこといっている。

※7　千代の富士貢　第58代横綱。昭和30年6月1日、北海道福島町生まれ。56年秋場所新横綱。精悍な風貌からウルフとあだ名され一時代を築く。優勝31回は大鵬に次ぐ歴代2位。53連勝も双葉山の69連勝に次ぐ歴代2位の記録。平成元年には国民栄誉賞を受賞。183

特に上げた脚を地面に下ろした時の動作は非常に重要で、肩幅より広めのスタンスを取り、上半身を前傾させず腰をぐいっと下ろすのです。このときの体型は正面から見るとちょうど「凸」の字の形になります。太ももは地面と平行で膝は直角に折れています。太ももを地面と平行に保ちながら（尻の位置が膝の位置まで下りる）、腰を下ろす動作はほとんどの素人にはできません。太ももの後ろの筋肉が痛くて5秒も続けていられません。

入門したての新弟子は正しい四股の踏み方を教えられると、後は自主的にトレーニングします。1分間に2回四股を踏むとして1時間に１２０回。2時間で２４０回。一日２００回くらい毎日きちんとした四股を踏み、1年も経過すると、一応さまになってきます。

自然に腹筋、背筋、大腿、下腿の筋肉が発達し、同時に腰が割れてくるようになり、腰を下ろしたときの体型が「凸」の字に落ち着きます。四股は重心を低く保つことを体にしみこませ、同時に必要な筋肉を強化するために日本人が経験的に編み出した、非常に合理的な練習方法なのです。

cm、１２７kg。平成3年5月に引退。年寄陣幕を襲名したが、後に九重を襲名し、大関・千代大海を育てた。現在は役員待遇で審判部副部長。

凸の字型の体を作る

朝げいこが終了する午前10時半ごろになると、たいていの相撲部屋では、相撲の基本である「凸」の字の姿勢を体に叩き込む練習を行います。黒まわしの取的《とりてき》※1が土俵を囲んで円形に並び、両脚を開きます。次に、全員いっせいに腕組みをしたまま両脚を１８０度近く開き、そのままゆっくりと腰を下ろしていくのです。視線はまっすぐ前。決して下を向いてはいけません。

若い取的の後ろでは竹刀をぶら下げた古株の兄弟子※2が、ぶらぶら歩きながら、各力士の姿勢をチェックします。体が前傾している、腰が下りきれていない、ついでに同情を乞うように苦しそうに顔をしかめている力士にも容赦なく竹刀が見舞われます。ちなみに竹刀が見舞われる箇所はまわしの結び目あたりで、音が大きいわりにはそれほど痛くはありません。

私が相撲記者の駆け出しだった頃、相撲教習所※3一日体験入門、という企画をデスクが立てました。実は、24歳で初めて相撲のけいこを取材したとき、私は引退間際の横綱にスカウトされた経験があります。場所は佐渡ケ嶽部屋※4、横綱は琴櫻※5でした。引退

※1 **取的**　幕下以下の力士の総称。

※2 **兄弟子**　自分より入門が早い人すべて。番付が上位でも入門が後なら逆に弟弟子。「あんでし」と発音する。

※3 **相撲教習所**　新弟子検査に合格し、日本相撲協会に新たに登録された力士を半年間指導教育するための施設。実技と教養の二つの講座があり、教養講座では相撲史、運動医学、相撲甚句などの講義を受ける。大学出などで幕下付け出しの力士は実技講座は免除される。

※4 **佐渡ケ嶽**　当時の師匠は元小結・琴錦。現在は元横綱・琴櫻の女婿で元関脇・琴ノ若が継承している。二所ノ関一門に所属。

※5 **琴櫻傑將**　昭和15

間際で新しく部屋を興す計画を立てていた横綱はひそかに新弟子集めを行っていました。夏場所前の朝げいこを観戦していたギャラリーの間から、頭ひとつ突き出ていた193センチの私を目ざとく発見した横綱が、けいこを中断して「いいからだしているね」と声をかけてきたのです。この話はまたたく間に相撲界に広がり「佐渡さんはでかけりゃ電信柱にも声をかけるぜ」と、スカウトの熱心さで有名になりました。

　このような過去があったので、一日体験入門の企画は至極当然に実現しました。このとき、実際にまわしをつけて「凸」の字の姿勢を取らされましたが、見るとやるのとでは大違い、非常に苦痛に満ちた取材でした。まず第一に両脚を180度近く開くだけで太ももの内側に痛みが走ります。そのまま上半身を起こし、腕組みをし、膝を徐々に曲げて腰を下ろしていくのですが、我慢できずについつい脚を閉じようとしてしまいます。このとき、マンツーマンで指導した教習所の指導員（幕下の古手の力士）は、私の開脚が閉じないように自らの片脚を後ろから私の脚に掛け、両手を脇の下に差し込んで思い切り上半身を起こしました。激痛に顔はゆがみ思わず「痛え！」と声をあげてしまいました。

　それほどこの姿勢を取ることは素人にとっては難しく、逆に力士にとっては絶対に必要な肉体的な条件なので、最初に徹底的に叩き込まれるわけです。

　次に力士たちは土俵の俵をまたぐように並び、「凸」型の姿勢のまま、摺り足※6で前

年11月26日鳥取県倉吉市生まれ。48年初場所新横綱。晩成型で32歳で横綱に昇進。頭からぶちかます強烈な突進が武器で「猛牛」とあだ名された。身長183cm、体重155kg。優勝5回。49年7月に引退。年寄白玉を襲名するが、師匠の急死で佐渡ケ嶽を継承。指導育成に熱心で、大関・琴風ほかの力士を育てた。平成17年に定年退職。

※6　摺り足　相撲の足運びの基本。土俵の表面から足の裏を離さずに、摺るように足を運ぶこと。

進するけいこです。腰を下ろし、重心を低く保ったまま、上半身はやや前傾させ、両脇を締め、両手をボクシングのガードのように体の前に掲げます。この姿勢で土俵に沿って両脚を交互に出して歩くのです。この間、腰の位置は絶対に上下してはいけません。苦しくなって腰を上げようものなら、兄弟子の竹刀がバシッと飛びます。

　朝げいこはまだまだ続きます。最後に「股割り」という地獄が待っています。「凸」の姿勢を維持するためには太ももの裏の筋肉と腱、それに股関節の柔軟さが必須条件です。そのためのけいこが股割りです。力士は両脚をほぼ１８０度開けることが基本です。したがって股関節が硬い新弟子は、兄弟子が後ろに立ち、両脚を座っている新弟子の太ももの内側に入れ、１００キロ以上の体重を一気に背中にかけ、硬い股関節を強引に広げます。かつて、高見山[※7]がハワイから入門したとき、涙を流しながらこの股割りに挑戦していました。歯を食いしばって「涙ではない。目から汗が出ただけ」と言った話はあまりにも有名です。

　不思議なもので、ほとんどの力士が数年で両脚を１８０度近く開くことができ、前傾すると胸から腹にかけて土俵の砂がべったりとつくようになります。相撲はバランスの崩し合いです。バランスを崩されないようにするには重心を常に低く保つ、重心を常に低く保つには足腰の筋力と柔軟性が必要、足腰の筋力と柔軟性は四股、股割りで鍛える――相撲の稽古は実に理論的にできているのです。

※7　高見山大五郎　昭和19年6月16日アメリカ・ハワイ州生まれ。元横綱・前田山の高砂親方にスカウトされ入門。最高位は関脇。１９２cm、２０５kgの体を使った突進力が武器だったが、下半身にもろさがあった。47年名古屋場所で幕内優勝。金星12個の記録を持っている。輪湖時代の名脇役。タレント性もあり、人気があった。55年日本に帰化。59年1月引退。年寄東関を襲名し、現在東関部屋の師匠。

【腰下ろし】

これが「凸」の字型の基本姿勢。相撲協会推奨の「相撲健康体操」でも、この姿勢が背骨を安定させ新陳代謝を促すと、一般への普及を行っています

腰を下ろすと、ちょうど竹刀が飛ぶ太ももあたりに痛みが走ります

土俵入りは基本動作の集大成

美しい四股を踏む。きちんと股を割って「凸」型の姿勢を作る。凸型の姿勢の摺り足で動く、といった相撲の基本動作を象徴しているのが横綱の土俵入りです。

土俵入りがどういうものかは、ほとんどの日本人ならイメージできるでしょう。まず、行司に先導され、露払い[※1]、太刀持ち[※2]の順で土俵に上がります。最初に二字口[※3]で凸型の姿勢を決めます。つまり、股を割って腰を下ろし、安定した下半身を作るのです。上半身はできるだけ垂直に保ち、極端に前傾させません。一見簡単そうな土俵入りですが、まずこの最初の姿勢を取ること自体が素人には不可能です。強靭な腹筋、背筋、大腿、下腿の筋力と柔軟な股関節があって、初めてスタートのポーズを決められるのです。

きれいに割った、見るからに安定した下半身の上に、これも見るからにどっしりした上半身が乗っかっていて、その上半身は前後左右いずれにも揺れ動かない、横綱の「びくともしない」イメージの演出は、パフォーマンスとしてとても重要です。

露払い、太刀持ちを従えた土俵入りは横綱だけに許された特権です。もともとは神

※1 **露払い**　横綱土俵入りに際して、横綱の先を歩く介添え役の名称。一門の幕内力士が務め、太刀持ちより下位の力士が担当する。

※2 **太刀持ち**　横綱土俵入りに際して、太刀を捧げる介添え役の名称。太刀は右腕の肘を真横に張るように捧げる。

※3 **二字口**　土俵に上がる際の上がり口で、徳俵のある場所。二重土俵時代、2本並んだ徳俵が二の字に見えたことに由来する。

※4 **注連縄**　神前、神事の場合に不浄なものの侵入を禁ずる印として張る縄。左綯りが定式。

※5 **西ノ海嘉治郎（初代）**　第16代横綱。安政2年（1855）鹿児島県薩摩川内市生まれ。明

社仏閣の地鎮祭のときに神事の一つとして行われていた「地踏み式」という儀式でした。現在では「横綱」は番付上最高の〝地位〟ですが、元来は力士の階級名称ではなく、まわしの上に巻いた注連縄《しめなわ》※4を指しました。横綱が番付上の階級になったのは明治23年の第16代横綱・西ノ海嘉治郎《かじろう》※5からで、それまでは力士の最高階級はあくまで大関でした。その大関の中で優秀な力士が化粧まわしの上に〝横綱〟を巻いて儀式に参加したのです。

この神事での儀式が相撲の興行に取り入れられたきっかけは、寛政3年（1791）、徳川家斉《いえなり》※6の時代に行われた上覧相撲に際し、本来は地鎮祭に行われる地踏み式を将軍へのサービス・アトラクションとして採用したことが始まりとされています。これが好評だったのでその後も上覧相撲の際には強豪力士が土俵入りを行いました。当時の土俵入りは現在のような洗練された様式美とはほど遠く、簡単に四股を踏むだけのものだったといわれています。それが現在のようにショー的な色彩が濃くなったのは、相撲の大衆化と連動しています。江戸時代の中期以降、江戸独自の文化が花開き、相撲は江戸っ子にとって歌舞伎とともに人気のある大衆娯楽になりました。

この頃江戸で人気の力士は大関の谷風梶之助《たにかぜかじのすけ》※7と小野川喜三郎《おのがわきさぶろう》※8の二人。江戸勧進相撲※9のプロモーターは、当時横綱の許認可権を持っていた肥後・熊本の吉田司家※10に頼んで二人に横綱の免許を与え、大衆の前で土俵入りを行い、興行に華を添えたのが始まり

治23年（1890）東京で初めて横綱の文字が番付に記載されたときの横綱。引退後は年寄井筒を襲名。このとき以来、井筒部屋は鹿児島出身の力士が多い。

※6　徳川家斉　1773〜1841。徳川第11代将軍。文化文政時代（1804〜30）を中心に4年間在職。

※7　谷風梶之助　第4代横綱。寛延3年（1750）宮城県仙台市生まれ。189cm、161kg。安永7年（1778）3月から天明2年（1782）2月の7日目まで63連勝したが、小野川に阻止される。安永から寛政にかけての江戸相撲人気の中心力士。

※8　小野川喜三郎　第5代横綱。宝暦8年（1

とされています。

その後、興行として観客を集める工夫があれこれ凝らされるに従って、四股を踏むだけの単純な土俵入りから、ショー的な色彩が加味され、現在に続く華やかな様式美が徐々に完成されていったのです。

さて、実際の土俵入りに話を戻します。まず二字口で蹲踞《そんきょ》※11し、凸型の姿勢を決めます。礼拝をし、二度拍手《かしわで》※12を打ち、塵浄水《ちりちょうず》を行います。塵浄水とは昔野天で相撲を取っていたとき草をむしって手を清めたのが始まりとされ、拍手を打った横綱が手の平をもむようにするのは「草で清めています」の名残り。両腕を左右に開き上に向けた手の平を下に返す動作は「武器は持っていません。正々堂々と素手で戦います」の意思表示です。

次に横綱は土俵中央に進み正面を向き、同じように二度拍手を打ち、左手を胸に右手を横に広げて一回四股を踏みます。この後が土俵入りのハイライト「せり上がり」です。雲竜型※13は左手を胸に右手を横に広げたまま四股を踏み終わった低い姿勢から徐々に前進しながらせり上がり、不知火型※14は、四股を踏み終わった後、両腕を広げたままませり上がります。この後、もう一度土俵中央で四股を踏んだ後、二字口に戻り、拍手を打ち、塵浄水を行って終了します。

時間にして2分前後。その中に、拍手に象徴される神に対しての敬意、塵浄水で表

758）滋賀県大津市生まれ。178㎝、135kg。宿敵・谷風との対戦成績は谷風の6勝3敗2分け2預かり2無勝負。

※9　江戸勧進相撲　勧進とは寺院や神社の建立、修繕などのために寄付を募ること。江戸では、貞享元年（1684）から勧進の名目で寺社奉行の許可を得て興行が可能となった。そのため開催場所は深川の富岡八幡宮、本所の回向院などの寺社の境内で行われた。

※10　吉田司家　相撲の故実・例式に詳しい家系。当主は歴代吉田追風と名乗る。寛政3年（1791）徳川家斉の上覧相撲を取り仕切ったことで、横綱免許授与の特権を持つことになり、相撲における各種の免許状を発行

現した戦う前のルールの確認、そして相撲の基本動作が込められています。特にせり上がりは一見簡単に見えますがかなりの技術と体力を必要とします。腰を割った姿勢で、足の裏を土俵から離さず徐々に前進するため、イメージ的には足を摺るというよりも、足の親指で土俵をつかむ感覚です。実際試してみればわかると思いますが、大腿、下腿の強い筋力が要求されます。

　加えて腰に巻いている綱は人によって多少の差はありますが、12キロから15キロあります。化粧まわしが3キロとして合計で15キロから18キロ。スポーツジムでのトレーニングにたとえると、10キロと5キロのダンベルを腰にぶら下げて、きちんと股を割り、四股を踏む。そしてせり上がりをこなす。これが横綱土俵入りの運動量なのです。

　第48代横綱・大鵬が二字口で拍手を打っている写真を見ると、両脚の開きはほぼ180度。脚は土俵から垂直に伸び、膝できっちり90度に折れ、両太ももは地面と平行、その真ん中にどっしりと腰が据わっています。

　その大鵬親方は「毎日の土俵入りは、あれでいいけいこになったんだよ」と言っていました。

した。

※11　**蹲踞**　相撲の基本姿勢の一つ。胸を張って顎を引き、つま先立ちして深く腰を下ろし、十分に膝を開き、重心を安定させた姿勢。

※12　**拍手**　相撲では両方の手のひらを打ち合わせる所作のこと。

※13　**雲竜型**　横綱土俵入りの型の一つ。せり上がりのときに左手の先を脇腹にあて、右手を斜め前方に出す。

※14　**不知火型**　横綱土俵入りの型の一つ。せり上がりのとき、両手を左右に開く。

仕切りにこそ相撲の真髄がある

幕内の取り組みは現在だいたい午後4時半に始まります。合計21番を取り終えた打ち出しは、午後6時前。これは大相撲を実況中継しているNHKのタイムテーブルに合わせた時間配分になっていますが、では、一番一番の勝負、つまり軍配[※1]が返ってから勝負がつくまでの時間はどのくらいなのでしょう。

これは平均してひと勝負8秒くらいです。ということは21番の取り組みのうち、実際競技に費やされる時間は168秒。おおよそ3分弱なのです。つまり幕内の開始から打ち出しまでの1時間半のうち実際の競技時間はわずか3・1パーセントに過ぎないのです。

残りの96・9パーセントのうちで最も時間をかけているのが、呼び出しに名前を呼ばれてから立ち合いまでの時間です。呼び上げ、力士が土俵に上がる、すすぎ紙[※2]で口や体を拭く、塩[※3]をまく、塵浄水の動作、土俵中央に進み相手と向かい合う、再び四股を踏む、蹲踞の姿勢を取る、仕切りを行う。相手と呼吸が合わなければ再び塩を取りに行って同じように仕切る、といったおなじみの競技開始前の〝決まりごと〟です。

※1　軍配　行司が判定に際して使用するうちわ形の用具。材質はケヤキ、樫などで重さは750g～1kg。相撲界では「うちわ」と呼んでいる。

※2　すすぎ紙　力士が力水を使った後に口元や汗をぬぐうための薄い紙。別名は力紙、化粧紙。

※3　塩　清めの塩ともいう。本場所では十枚目以上の力士だけがまく。消費量は1日約45kg。

※4　残った　行事の掛け声の一つ。力士が動いているときに掛ける。逆に動きが止まったときは「発気揚々」がなまった「はっきょい」の掛け声を掛ける。

相撲のルールでは１回目の仕切りからいつ競技を開始してもいい決まりになっています。その証拠に行司は大きく右上に軍配を掲げ、いつスタートしてもいい態勢を取ります。ちなみに、相撲はあくまでも両力士の呼吸が合致して自発的に競技がスタートします。行司がスターターで軍配が合図のピストルではありません。両力士が「呼吸を合わせ」て自発的に、同時に立つのです。その時点で行司は軍配を返し「残った！[※4]」と口頭で競技が開始されたことを告げるのです。

まれに横綱に挑戦する下位の力士が奇襲的に１、２回目の仕切りで立つことがあります。逆に、競技開始はあくまでも「両力士の合意」なので、本来は制限時間を設定すること自体が相撲の理念に反します。制限時間は昭和３年にＮＨＫが初めてラジオの実況放送を開始したときに仕方なく採用された制度です。このときの幕内制限時間は10分とのんびりしたものでしたが、時代とともに短縮され、現在の幕内は４分となっています。４分×21番は84分です。競技を開始するまでの時間が全体の96・９パーセント、実質競技時間は３・１パーセント。これが大相撲の現実なのです。

あまりにも少ない実質競技時間の割合をアメリカ人などは「無駄だ」「退屈だ」と批判しますが、さすがに相撲好きの大統領をいただく文化の国フランス人は「仕切りこそ相撲」と一定の理解を示しています。

そこで立ち合いまでの４分間の中身を分類してみると、「儀式」「準備運動」「精神統一」「技術の確認」の四つに分けられそうです。

儀式は塵浄水を切る、水をつける、塩をまくといった一連の決まりごとです。塩は「清め」の象徴です。土俵の邪気を払い、力士がケガをしないように神に祈る意味を込めてまきます。現実的には手のひらの発汗を抑制したり、少量を口に含むことで緊張による喉の渇きをしずめたり、気の弱い力士が大きく塩をまいて緊張を緩和したというような水戸泉[※5]の例もあります。

準備運動は四股と塵浄水です。両方とも本来は神事の儀式だったのですが、手足を大きく伸ばすことで、控え[※6]で硬くなった体を競技に取りかかれる状態に戻す役目を果たしています。

精神統一の象徴が蹲踞です。両力士が、仕切りに入る前につま先立ちして深く腰を下ろし、肩の力を抜いて手を軽く膝の上に乗せます。時間にしてわずか1、2秒ですが、力士はこの蹲踞で気持ちを落ち着かせ集中します。特に制限時間いっぱいを告げられた後の蹲踞の時間は大事です。柔道、ボクシング、重量挙げの選手が試合開始直前に2、3秒間目を閉じたり、ラグビー選手がロッカールームで瞑想してからグラウンドに出ていくのと同じで、競技開始直前に「静」の時間を設けることで集中力を高めているのです。爪先立ちしてしゃがんでも、ぐらつかないように肩の力を抜いて「気」を集中させ、仕切りから立ち合いの「動」に備えます。

※5　水戸泉政人　現年寄錦戸。昭和37年9月2日、茨城県水戸市生まれ。最高位関脇。優勝1回。194cm、192kg。平成12年9月引退。

※6　控え　力士や行司が土俵下の所定の位置に座って待機する状態。控えにいる力士は勝負判定に物言いをつけることができる。

※7　鳴門海一行　栃若時代の技能派力士。183cm、87kgの体で最高位は前頭筆頭。両手を脛に沿って徐々に下ろしていく「狛犬型」の仕切りが特徴だった。引退後は年寄り竹縄を襲名。相撲理論に精通していて平成2年に定年退職した後は慶應義塾大学相撲部の師範もつとめた。

技術の確認は仕切りです。野球選手がバッターボックスで軽くスイング軌道をなぞるのと同じで、四股を踏み終わった姿勢から腰を深く下ろして両肘を膝につける一連の動作は、自らに立ち合い姿勢と脇の固さをイメージさせるためです。次に左手を少し前の地面に置き右手も左手と同じ線の上に置きます。視線は常に相手の目を見つめ、顎を引き、つま先に力を入れ、いつでも勢いよく飛び出せる態勢を取ります。

前述したように、仕切りは一回目からいつでも飛び出せる構えを取らなければならないからです。

仕切りは形の上では両手両脚で自分の体重を支える格好になっていますが、本来はいつでも立てるように、両手はあくまでも地面に添えている感覚です。そのためには十分に腰を割って、いつでも斜め前方に低く鋭角的に飛び出せるような姿勢がベストです。

かつて昭和30年代に80キロ代の体重で前頭筆頭までいった鳴門海[※7]は、ゆっくりとした動作できれいに腰を割り、両手を徐々に体に沿って下ろしていく独特の仕切りで人気がありました。子供心に「変なお相撲さん」として印象に残っていましたが、今思うと基本に忠実な仕切りだったのです。ちなみに鳴門海は引退後、竹縄親方として長い間相撲教習所の教官を務めていました。

決まり手にない「技」

寄り切り、押し出し、叩き込み、上手投げ、外掛け等々、相撲の決まり手[※1]は一般的に「四十八手裏表」などといわれていますが、どうやらこれは多数の技があることを一般的に「四十八手」と表現することからきているようで、現在日本相撲協会は決まり手は82と定めています。

82の決まり手には分類も、それぞれの技の定義もあります。分類は寄り切りなどの基本技が7、上手投げなどの「投げ手」が13、外掛けなどの「掛け手」が18、居反り[※2]などの「反り手」が6、突き落としなどの「ひねり手」が19、そして送り出しなどの「特殊技」が19と整理されています。定義は、「寄り切り」は体を密着させて相手を土俵の外に出す。「上手投げ」は上手でまわしを引いた方からの投げ。「上手出し投げ」は上手を取った腕の肘を自分のわき腹につけ、体（たい）を開いて相手の体を前に押し出すように投げる、などです。

「寄り切り」「押し出し」「突き出し」は微妙ですが、「押し出し」は腕を伸ばして土俵の外に押し出すことで、「突き出し」は強く突っ張って相手を土俵の外に突き出す、

※1　決まり手　仕掛けた力士によって勝負が決まったときの技の名称。平成12年11月から82手。

※2　居反り　相手が上からのしかかったときに腰を低く落として相手の膝のあたりを抱え込み、そのまま体を反らせて相手を押し上げるように後方に投げ落とす。めったに見られない大技。

※3　把瑠都凱斗　昭和59年11月5日、エストニア生まれ。尾上部屋。本名カイド・ホーヴェルソン。

となっています。

　ところが、テレビで大相撲の中継を見ていると、このような決まり手以外の技術用語が随所に出てきます。

　元力士の解説者が何気なく使っている「なかなかいい〝おっつけ〟だったですね」「右からの〝絞り〟が効きましたね」「懸命に〝食い下がって〟いましたが、最後は〝差し手を返され〟てしまいましたね」などです。元力士の解説者も、アナウンサーも、ディレクターも、担当記者もこれらの技術用語の何たるかは、もちろん理解しています。ところが、意外とわかっているようでわかっていないのが一般の人たちです。本のタイトル風に表現すれば「いまさら聞けない相撲の技術用語」とでもいったらいいのでしょうか。

　ここに出てきた「おっつけ」「絞る」「食い下がる」「差し手を返す」などは、残念ながらテレビでも新聞でもきちんと説明をしてくれません。しかし、相撲の技の真髄は実は「寄り切り」や「上手投げ」といった決まり手よりも、主として競技の攻防の中で繰り広げられるこれらの技術が、勝敗を決定づける重要な要素になっているのです。

　繰り返し述べてきたように、相撲は単なる力比べではありません。確かに把瑠都[※3]のように体が大きく、体型的にバランスが取れ、その上腕力も強い、という力士が有利であることは否めません。でも、相撲の真髄はバランスの崩し合いなのです。柔道やレスリングと違って体重制を敷いていない理由のひとつに、相撲は体力や体格に頼るだけではなく、相手のバランスを崩していく技術の面白さに価値があるという考えがあるからです。

　その結果、小さい力士が大きな力士を負かすことがしばしば起こります。そこに競技としての意外性と格闘技術の深さがあり、ひいては日本人のメンタリティーに訴える感動が醸成されるのです。２０４センチ、２３４キロの曙[※4]と１７０センチ、１００キロの舞の海[※5]の対戦が人気を呼んだのは単なる体の対比の面白さばかりではなく、舞の海の勝利をファンが期待したからではないでしょうか。現実に、平成3年九州場所11日目には舞の海が三所攻《みところぜ》めからの内掛けで曙を破っています。

　体重制の存在しない大相撲では、「おっつけ」や「絞り」、あるいは「差し手を返し」たり「食い下がった」りする技術を身につければ、たとえ相手が自分より体格的に勝っていても、相手の重心を浮かせ、バランスを崩し「小能く大を制する」ことが可能になるのです。

　曙や武蔵丸[※6]は確かに横綱に昇進しましたが、栃錦、若乃花も横綱に昇進しました。千代の富士、朝青龍が必ずしも体格的に勝っていないのが、何よりの証左ではないでしょうか。

※4　曙太郎　第64代横綱。昭和44年5月8日、米国ハワイ州生まれ。平成5年春場所新横綱。外国人としては初めての横綱。２０４cm、２３４kgの巨漢を利しての突っ張りが武器。優勝11回。13年1月に引退。年寄曙を名乗ったが、現在は格闘家。

※5　舞の海秀平　昭和43年2月17日、青森県鰺ヶ沢町生まれ。日本大学相撲部出身。１７０cm、１００kg。最高位小結。

※6　武蔵丸光洋　第67代横綱。昭和46年5月2日、米国ハワイ州生まれ。平成11年夏場所新横綱。１９１cm、２２３kg。優勝9回。平成8年に日本に帰化。15年11月に引退した後は年寄武蔵丸として協会に残っている。

【おっつけと絞り】

絞られると差せないので、体が立ってしまいます

左を差そうとした相手を右から絞っているところ。このまま一気に前に出るのが「いい相撲」なのです

三〇

「はず」「おっつけ」「絞り」「腕返し」

「はず押し」という言葉を耳にしたことがあると思います。「はず」は漢字で書くと「筈」です。手を親指と残る4本の指を開いた矢筈のようなY字形にして、相手の脇の下に当てることをいいます。この形での押しを「はず押し」、脇の下にすっぽり入ってしまうのが「はずにかかる」です。はずにかかった状態で腕を斜め上に思いっきり伸ばすと相手の体は意外と簡単に浮きます。原理としては、赤ちゃんを抱くとき両脇の下に手を差し込んで「高い高い」をするのと同じ理屈です。

逆に考えると、はずにかからないようにするのが相撲の技術です。それには常に脇を固く締めていなければなりません。かつては脇の下に藁を挟みながらけいこをし、藁を落とした場合は容赦なく殴る荒っぽい鍛え方も行われていました。このため、力士の腋毛はほとんど擦り切れています。テレビで塵浄水のときに確認してください。

しかし、いくら脇を締めても、はずにかけられることがあります。そのままだと簡単に持ち上げられてしまいますから、何とかしなければなりません。その抵抗手段が「絞り」です。はずに当てられた手、あるいは肘をつかみ、自分の下腹方向に引きつ

※1 **清國勝雄** 昭和16年11月20日、秋田県湯沢市生まれ。44年名古屋場所で大関昇進。優勝1回。182㎝、134㎏。引退後は伊勢ケ濱部屋を継承、平成18年11月に定年退職。

※2 **差す** 四つに組んで自分の腕を相手の脇の下に差し入れること。

※3 **突っ張り** 左右の腕を連続して交互に回転させ、手のひらで相手の胸を突いて体勢を崩す技。

ける技です。相手に差された場合にも同様に絞り上げます。内側にねじるように押し上げます。はずにかけられた場合も、差された場合も、絞ることで相手の体が逆に起き上がってきます。

腕力が強い力士に思いっきり絞られた場合、技をかけられた方は肘を痛めます。元大関の清國[※1]の絞りは強烈で「壊し屋」の異名を取っていました。

「おっつけ」もほぼ原理は同じです。相手に差されたり[※2]、突っ張られた[※3]ときに、自分の脇を固く締めて相手の腕を外側から下から上に、腰を入れて絞り上げるように押しつける技術です。自分も差さない代わりに相手にも差されないようにします。

やられたほうは外側から絞り上げられるのですから、体は棒立ちになってしまいます。ちなみに相撲界の隠語で「おっつけ」は相手の懐を当てにしてごちそうに預かることをいい、使い方は「きのうはうまく課長をおっつけたよ」となり、記者仲間では頻出用語の一つでした。

「おっつけ」と「絞り」。この二つのテクニックはディフェンスとして有効ですが、成功すれば攻守が一瞬で逆転するので、本場所の取り組みではしょっちゅう見ることができます。

逆に、はず押しや差すことを得意としている力士は、おっつけられたり絞られたりしないテクニックを身につけなければなりません。特に差した場合に絞られない技術が「かいな（腕）を返す」「差し手を返す」です。差した手を内側（親指方向）に捻って肘を張るのです。差し手を返すときは腰を低くして腕を外側に思いっきり振るので、相手の体は浮き、逆に自分の重心は相対的に低くなるので、一気に攻撃に出られます。

　差し手を返せば上手は取られにくくなるし、場合によっては相手の上手が切れることもあります。したがって力士はおっつけられないためにも、肘を痛めないためにも「差したらすぐ返せ」とうるさく指導されます。返さない差し手は「棒差し」あるいは「へのこ差し[※4]」と呼ばれ、けいこ場で必ず叱られます。

「腕返し」の威力は素人の想像以上です。昭和初期に活躍した横綱・栃木山[※5]は、172センチ、104キロの小兵ながら、あるとき酒癖の悪い体重120キロの同僚の襟首を片手でつかんで表に放り投げた逸話が残っているほどの怪力の持ち主でした。私はその弟子の栃錦[※6]から「先代の腕力（かいなじから）は半端じゃなかった。差し手を返したら奥さんが腕の周りを一回転したんだから」と聞かされたことがありました。

　要は相手の重心をいかに自分の重心より上にあげるかを「おっつけ」「絞る」「腕を返す」などのテクニックを使って10秒足らずの間に展開するのが相撲なのです。

※4　へのこ差し　へのこは男性のシンボルのこと。

※5　栃木山守也　第27代横綱。明治25年2月5日、栃木県藤岡町生まれ。大正7年夏場所新横綱。同14年引退。優勝9回。172cm、104kgの小兵ながら左はず押しで一気に寄る型を持っていた。引退後は春日野を襲名。昭和34年、67歳で没。

※6　栃錦清隆　第44代横綱。大正14年2月20日、東京都江戸川区生まれ。昭和30年初場所新横綱。35年夏場所引退。優勝10回。177cm、126kg。若乃花とともに栃若時代を築いた。引退後は春日野部屋を継承、理事長を7期14年つとめ、現両国国技館を完成させた。平成2年、64歳で死去。

【かいなを返す、差し手を返す】

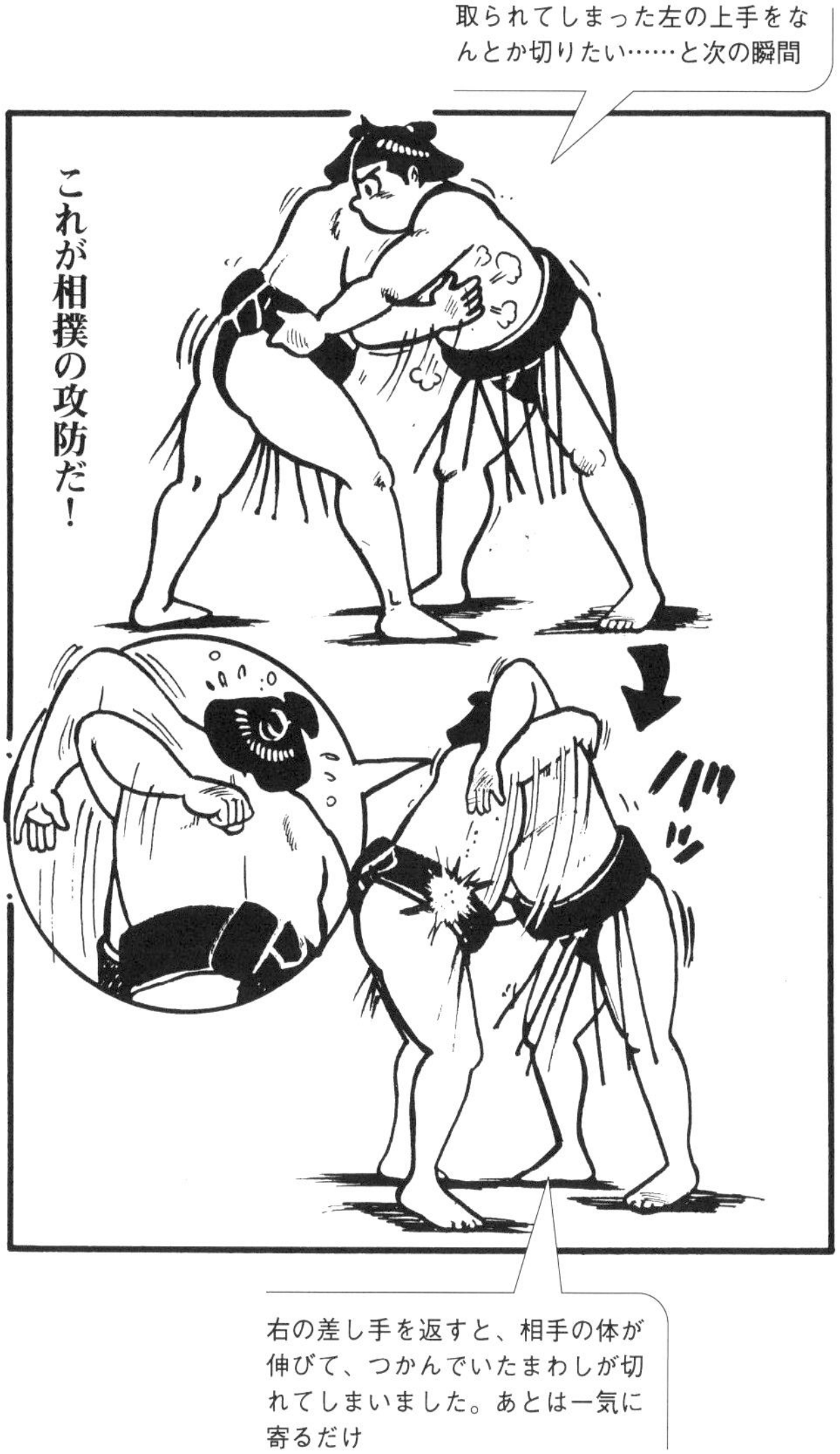
取られてしまった左の上手をなんとか切りたい……と次の瞬間
これが相撲の攻防だ！
バッ
右の差し手を返すと、相手の体が伸びて、つかんでいたまわしが切れてしまいました。あとは一気に寄るだけ

立ち合いの瞬間に注目

相撲競技は立ち合いから始まります。前述したように立ち合いは腰を割って重心を低くしたまま相手にぶつかっていくのが基本です。力士はそれぞれが、自分の得意とするパターンを持っています。組まずに突き押しで勝負する雅山[※1]のようなタイプ、左で上手を浅く取る白鵬[※2]のようなタイプ、差して寄るタイプなどです。

勝負とは煎じ詰めれば、いかに自分の得意なパターンに早く持ち込むかです。たとえば、知っているようで意外と知らない言葉の一つに「四つ」があります。私も相撲記者になるまでは「四つ」の言葉はさすがに知っていましたが、詳細までは理解していませんでした。

要は組み合うことで、右四つは右腕を相手の左脇に差す組み手です。差さずに手だけで組むのは「手四つ」です。お互いに得意なパターンが右四つの場合は「相四つ」。異なる場合を「喧嘩四つ」。四つに組んだ両力士が互いに両まわしを引き合い胸が密着している状態を「がっぷり四つ」。相手に両差しになられ、左右ともに上手になった体勢は「外四つ」と称しています。

※1 雅山哲士　昭和52年7月28日、茨城県水戸市生まれ。武蔵川部屋。

※2 白鵬翔　昭和60年3月11日、モンゴル・ウランバートル市生まれ。宮城野部屋。

※3 脳震盪　頭を打ったときなどに突発する一過性の脳機能障害。失神、めまい、耳鳴りなどの症状が起きるが、多くは短時間で回復する。

ただ、相四つだからといっても個人によってパターンは微妙に違ってきます。右四つを例にとるなら、左で上手をつかむと強いタイプ、右を差したまま出足で勝負するタイプなどに分かれます。さらに左で上手を取るタイプにも、浅く取って絞って出るタイプ、同じく出し投げを打って崩すタイプ、がっちり上手を握って投げで勝負するタイプなどに分かれます。

自分の得意のパターンに、いかに相手より早く持ち込むかが勝負の最大のポイントになるわけですから、立ち合いは非常に重要です。ちなみに、立ち合いでいとも簡単に相手力士の得意パターンにさせてしまう取り組みは、要注意です。

立ち合いで自分の得意なパターンに持ち込むためには、相手より重心を低く保たなければなりません。逆にいえば相手の重心を高くしてしまえばいいのです。したがって、立ち合いは蛙が飛び跳ねるように腰を低くして斜め上に飛び出すのです。お互いが相手より低く立とうと考えていますから、必然的に頭でぶつかり合うケースが多くなります。「がきっ」と鈍い音が発生しますが、このとき顔をそらせたり顎が上がってしまうと相手の体が自分の体の下に入ってきてしまいます。痛くても、目から火が出ても、絶対に顎は上げられません。ただし、あまりにも低いと、はたき込みや突き落としが待っています。

立ち合いがいかに重要かは、過去、立ち合いで脳震盪《のうしんとう》[※3]を起こした力士が何人かいたことでもわかります。たいてい「かちあげ」が顎に入ったときで、ボクシングでアッパーカットが命中したのと同じです。「かちあげ」とは、立ち合いのテクニックの一つで、立った瞬間に利き腕をカギ手に曲げたまま前に出し、体ごと勢いよく相手の顎の下あたりにぶつかり、そのまま曲げた腕を思いっきり振り上げ、相手の体を起こす荒っぽい技です。この技は何も相手をＫＯするのが目的ではなく、相手の上体を起こし、むりやり重心を高くしてしまう点にあります。

　脳震盪とまではいかないものの、平幕が横綱をＫＯした例もあります。昭和62年九州場所、体重２１１キロの大乃国[※4]が板井[※5]の張り手一発で倒され、金星を献上してしまったケースです。張り手はかちあげと同様、立ち合いの手荒いテクニックの一つで、よく「張り差し」と表現されます。

「張り差し」は、立ち合いに利き手で思いっきり相手の顔をひっぱたき、相手が顎を上げ顔をそむけたすきに相手の体に入り込み、張った手を差し、腕を返してそのまま寄っていく戦法です。しかし、実際は平手でひっぱたくといった生易しい感じではなく、手の側面を相手の頸動脈にたたき込む空手のような荒業で、プロレスの力道山[※6]が十八番にしていた空手チョップは、張り手から編み出したといわれています。

　張り手は張った方の脇が開くので、簡単に相手に差されてしまう欠点も持ち合わせています。それだけに、確実に相手の顔をそらせるために反則[※7]すれすれのテクニック

※4　大乃国康　第62代横綱。昭和37年10月9日、北海道芽室町生まれ。62年九州場所新横綱。平成3年名古屋場所引退。優勝2回。身長１８９cm、体重２１１kg。引退後は芝田山部屋を創設。

※5　板井圭介　昭和31年3月21日、大分県臼杵市生まれ。最高位小結。１７８cm、１３９kg。廃業後の平成12年1月に外国特派員クラブで八百長を告白し物議をかもす。同年死去。

※6　力道山　大正13年11月14日、現北朝鮮の咸鏡南道生まれ。同じ二所ノ関部屋の若乃花、琴ケ濱らとともに猛げいことと鋭い突っ張りで関脇まで昇進したが、25歳のとき突然自ら髷を切って廃業。その後プロレスに転向。

を使うのです。

立ち合いに両手で相手を押す「両手《もろて》突き」も、よく見られる立ち合いです。特に相手より体格で勝っている上位力士がこの立ち合いをしますが、発展途上の力士がこの立ち合いをすると、師匠から「楽な立ち合いをしやがって。頭から行かんかい」と怒られます。

両手突きはからだ全体のパワーを一瞬に凝縮する攻撃的な立ち合いではなく、相手の出足を食い止める防御的な立ち合いだからです。したがって体格的に不利な力士は、相手のダッシュ力を止めきれず、手首を傷める危険が伴います。力士が両手首に包帯を巻いているのはこのためで、手首の関節を痛めないようにするためのテーピング代わりです。それに両手を先に出すことはその分だけ脇が開き、差される可能性も高くなります。最近では琴欧洲が時々、この立ち合いをしています。

立ち合いは頭から、厳密にいうと顎を引き、髪の生え際あたりで相手にぶつかっていくのが正攻法です。この角度とダッシュ力は「ぶつかりげいこ」でみっちり鍛えられます。このように立ち合いは、精神的にはもちろん技術的にも一連の動きの中で勝敗を左右する重要な要素が凝縮されています。だからこそ、力士はこの瞬間に、相手の重心を上げるためのさまざまなテクニックを駆使しているのです。

昭和38年12月15日、39歳の若さで没。

※**7 反則** 「握り拳で殴る」など、審判規定の禁手反則に定められた8種の禁止行為を行ったときに反則負けとされる。また、まわしが外れてしまった場合も反則負け。決まり手は「反則負け」と発表される。

ぶつかりげいこの迫力と合理性

相撲担当記者になって初めて朝げいこを見にいったのは、昭和49年の5月3日、夏場所の前でした。まず、しーんと静まり返ったけいこ場に充満する汗と鬢《びん》付《つ》け油[※1]と料理の入り混じった独特の匂いに「ここは一般社会とは遊離した特殊な場所なのだ」と実感したことを今でも鮮明に覚えています。予想以上に厚みと幅のある力士の体。力士の荒い息遣い、無言でじろりとにらむ親方の視線。何もかもが新鮮な初体験だったのですが、最も印象に残ったのが「ぶつかりげいこ」でした。

ぶつかりげいこはすべての相撲部屋で毎日のように行われている、基本中の基本のけいこ方法です。通常、一連のけいこの最後の仕上げとして行われ、ぶつかる力士と受ける力士に分かれ、相撲の基本である押しと受け身の型を身につけます。

まず、受ける側は仕切りの幅よりやや広めのスタンスを取り、腰を割ります。次に両手を広げて右足を一歩前に踏み込みます。場所は土俵の内側ぎりぎりの地点。

ぶつかる側は土俵の外にいます。こちらは、立ち合いのときと同様に仕切りの姿勢を取り、両手で同時にまわしをポンとたたいてから、相手力士の右胸めがけて両脇を

※1　**鬢付け油**　「すき油」の通称。菜種油と櫨（はぜ）の実から取った木蠟（もくろう）に香料を加えて製造する。独特の甘い香りが特徴。通常は「びん付け」と略される。

締めて額で当たります。当たった後は両筈《もろはず》で、一直線に突き放すように反対側の土俵まで押します。受ける側は両足を土俵から絶対に離しませんから、腰を入れて全身で押さなければびくともしません。

　このけいこのペアはだいたい受け身側が兄弟子です。ですから、思いきり当たって押しても、受け身側の兄弟子が体重を前に出した右足にかけて相手にもたれかかってしまえばびくともしません。そのときはいったん下がって、もう一度まわしをポンとたたいてぶつかります。ぶつかりげいこはけいこ時間の最後の仕上げとして行われるけいこですから、ぶつかる側はそれまでのけいこでへとへとになっています。でも兄弟子は容赦しません。当たりが弱いと「この野郎、力残しやがって」と何度でもやり直しを命じます。

　それでも押せなかったときには、首根っこを押さえられ土俵に沿って摺り足で歩かされます。上から首を押さえられているので、これは股を割った姿勢の強要です。土俵を半周ほどしたところでゴロンと転がされ、起き上がってすぐに仕切りの姿勢を取り相手にぶつかっていきます。このパターンを何回も繰り返します。

　力士は「けいこの中でいちばんきついのはぶつかりだ」と口をそろえます。きついからこそ、将来有望な力士は徹底的に「ぶつかり」で鍛え上げられます。私の先輩記者は「大鵬が幕下の頃、40分以上ぶつかりをさせられたのを見たことがある」と言っていました。事実、10分も続ければ体からは滝のように汗が流れ落ち、呼吸は乱れ、髷も乱れてぼさぼさになります。そのうち「もう一丁」「まだまだ」「押さんかい」など声が出てきます。ぶつかる側の体は砂まみれ。乱れた髪は包帯や藁で無造作に束ねられ、そのうち二人とも目が据わり、鬼気迫る形相になってきます。「30分くらい続くと意識が朦朧としてきて、気力だけでぶつかっている」状態になるそうです。最後に当たって転がされ、「よしっ」と言われてやっと終了です。ぶつかる側は大きな声で「ごっちゃんです」と礼を言い、お礼の印として受けてもらった側に、柄杓の水を差し出します。

ぶつかりげいこの一連の動きの中には、ぶつかる側にとっては、立ち合いのダッシュ力、はず押し、摺り足、股割り、投げられたときの受け身が凝縮されています。ついでに体力、気力、負けじ魂も養われます。受ける側も押させるときに土俵際で踏ん張るので、足腰の鍛錬になります。道具は何も使いません。しいていうなら二人の体です。そのうえ、先輩後輩の精神的な絆もついでに醸成されてしまうのですから、実に合理的なけいこ方法です。

ちなみにぶつかりげいこで受け身になる側を「胸を出す（貸す）」と言いますが、相撲界の隠語では「相手にごちそうすること」です。昔の相撲界、いや日本人は合理性と機知に富んでいたのです。

【ぶつかりげいこ】

髪はボサボサ。体は砂だらけ。
鬼気迫る光景です

この親指と人差し指で作るY字が「はず（筈）」

兄弟子はわざと体重を右足にかけて、
簡単には押せないようにします

一門の詳細

時津風一門、高砂一門、出羽海一門、二所ノ関一門、立浪・伊勢ケ浜連合の五つがある。立浪・伊勢ケ浜は分家しての一門ではないので「連合」と呼んでいる。

平成19年1月現在の状況は以下のとおり（カッコ内は師匠の現役時代の四股名）。

◆時津風一門＝時津風部屋（双津竜）、伊勢ノ海部屋（藤ノ川）、湊部屋（三代目豊山）、式秀部屋（大潮）、鏡山部屋（多賀竜）、井筒部屋（逆鉾）、陸奥部屋（霧島）、荒汐部屋（大豊）、錣山部屋（寺尾）

◆高砂一門＝高砂部屋（五代目朝潮）、九重部屋（千代の富士）、中村部屋（富士桜）、東関部屋（高見山）、八角部屋（北勝海）、錦戸部屋（水戸泉）

◆出羽海一門＝北の湖部屋（北の湖）、武蔵川部屋（三重ノ海）、春日野部屋（栃乃和歌）、玉ノ井部屋（栃東）、三保ケ関部屋（二代目増位山）、出羽海部屋（鷲羽山）、入間川部屋（栃司）、千賀ノ浦部屋（舛田山）、田子ノ浦部屋（久島海）、境川部屋（両国）、木瀬部屋（肥後ノ海）、尾上部屋（濱ノ嶋）

◆二所ノ関一門＝佐渡ケ嶽部屋（琴乃若）、貴乃花部屋（貴乃花）、間垣部屋（二代目若乃花）、大嶽部屋（貴闘力）、放駒部屋（魁傑）、二所ノ関部屋（金剛）、荒磯部屋（二子岳）、尾車部屋（琴風）、鳴門部屋（隆の里）、片男波部屋（玉ノ富士）、松ケ根部屋（若嶋津）、峰崎部屋（三杉磯）、阿武松部屋（益荒雄）、花籠部屋（大寿山）、芝田山部屋（大乃国）

◆立浪・伊勢ケ浜連合＝大島部屋（旭国）、友綱部屋（魁輝）、安治川部屋（旭富士）、宮城野部屋（金親）、高島部屋（高望山）、追手風部屋（大翔山）、春日山部屋（春日富士）、立浪部屋（旭豊）、朝日山部屋（大受）、桐山部屋（黒瀬川）、伊勢ケ濱部屋（和晃）

◆独立系＝高田川部屋（前の山）

第二章◇力士の条件

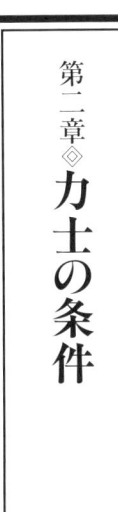

横綱の条件は「バランス」のよさ

昭和30年代、テレビが各家庭にやっと普及し始めた頃、相撲は空前のブームを巻き起こしました。その中心にいたのが横綱の栃錦と若乃花（初代）※1。いわゆる「栃若」時代の両雄です。特に若乃花は現役で半生が『若乃花物語　土俵の鬼』という映画になったほどで、その数奇な生い立ちは相撲ファンでなくてもある程度は知っているはずです。後に引退し、二子山部屋を創設、「人間辛抱だ」は一時期流行語にさえなりました。

相撲担当記者時代、当時阿佐ヶ谷にあった二子山部屋の二階で、晩酌をしていた親方が、たまたま機嫌がよかったのか、自分から室蘭時代のことを話し始めました。若乃花の生まれは青森県の弘前市。実家は手広くりんご園を経営していましたが、昭和9年の室戸台風で収穫直前のりんごが全滅してしまい、一家は没落、夜逃げ同然に北海道に渡ったのです。

小学校を卒業した初代若乃花の花田少年は、9人兄弟の長兄として一家を養わなければならず、稼ぎのいい室蘭港の沖仲士になったのです。花田少年が扱っていたのは、

※1　若乃花幹士（初代）　第45代横綱。昭和3年、青森県弘前市生まれ。33年春場所新横綱。37年5月引退。身長179cm、体重105kg。優勝10回。猛げいこで磨いた上手投げ、呼び戻しなどの大技を繰り出した。引退後は年寄二子山を襲名、理事長をつとめ、平成5年に定年退職。

※2　天秤棒　両端に荷物を掛け、中央を肩に当てて担ぐ棒。

※3　もっこ　藁縄を網状に編んだものの四隅に吊り紐を付け、土芥などを盛って運ぶ用具。

※4　双葉山定次　第35代横綱。明治45年、大分県宇佐市生まれ。昭和13年初場所横綱昇進。20年11月引退。身長179cm、体重122kg。優勝12回。

室蘭港から京浜、阪神の工業地帯に搬出される石炭です。夕張や美唄などの炭鉱から貨車に積まれて室蘭港まで運ばれた石炭を、船に積み替える作業です。

作業は基本的に人力です。天秤棒[※2]の両端にもっこ[※3]に詰めた石炭をつるし、船倉に運びます。船に渡された板の上を天秤を担いで何往復もしなければなりません。船に渡された板はしなります。天秤棒を担ぎ、しなる板の上を毎日何十回となく渡っていると、足腰は自然に強化され、バランス感覚も同時に養われます。

「わしはあれで鍛えられたな。もし石炭をぶちまけてしまえば給料から差っ引かれるからな。こっちだって生活がかかっているんだから必死だったよ」。最盛期でも１７９センチ、１０５キロ。ただし安定性は抜群で、「かかとに目がついている」とさえいわれた土俵際のしぶとさと、簡単には崩れない下半身の強靭さは、室蘭の沖仲士時代に身についたと自ら言っていました。

力士のみならずスポーツ選手は全般的に下半身のバランスのよさが大成する要素の一つになっているようです。特に、子供の頃から船に乗っていた経験を持っている選手がけっこう多く、西鉄ライオンズで活躍した稲尾和久投手は、大分県別府の漁師の倅でした。この稲尾と同じように船に関係がある横綱が何人かいます。

第一は69連勝で有名な双葉山[※4]です。大分県宇佐市の実家は木炭商兼海運商。自ら船に乗って家業を手伝い、時化《しけ》で遭難した経験が二度ある文字通りの船乗りでした。当

連勝記録69は史上最多。得意は右四つからの上手投げ、寄り。引退後は年寄時津風を襲名、理事長をつとめたが、43年、56歳で没。

時の船は外洋を航行する大型船が帆船で、末端の物流を担った小型船は櫓《ろ》[※5]を操作する手漕ぎ船です。櫓は腰をきちんと決めなければ扱えないといわれています。波のある海の上で櫓を操っていれば、自然と足腰が鍛えられ、バランス感覚は養われます。

　双葉山は大横綱の印象が強いのですが、横綱昇進前までは「うっちゃりの双葉」と陰口をたたかれていました。しぶとさばかりで、積極的に攻撃しない受身の相撲を批判されたわけですが、そういわれたこと自体が足腰の強さとバランスのよさを証明していたわけです。

　第43代横綱・吉葉山は北海道厚田村（現石狩市）の鰊漁の網元の三男。不漁続きで家が倒産し、仕方なく力士を志願しました。第58代横綱・千代の富士の実家も漁師でした。大関昇進直後に私が実際に訪問した北海道松前郡福島町の実家には、手漕ぎの小型船が係留されていました。小中学生時代、この小さな船に乗って冬の荒れる海で漁の手伝いをしていたからこそ、足腰が鍛えられたと思われます。千代の富士の弟弟子の第61代横綱・北勝海[※6]も北海道広尾町の漁師の次男です。

　第63代横綱・旭富士[※7]は入門前の職業がプロ漁師だったという変わり種。近畿大学の相撲部に籍を置いていましたが、1年で中退。故郷の青森に帰って選んだ職業が叔父さんがやっていたイカ釣り船の乗組員。約1年間、仕事場はもっぱら船の上でした。

　バランスを要求されるスポーツは他にもあります。代表的な競技はスキーです。東

※5　櫓　和船を漕ぐ用具。人が握る「腕」と水中で水を掻く「脚」からなり、脚の上部の櫓臍（ろべそ）を櫓杭（ろぐい）にはめ、腕で操って船を前進させる。

※6　北勝海信芳　第61代横綱。昭和38年6月22日、北海道広尾町生まれ。62年名古屋場所新横綱。平成4年3月引退。181cm、151kg。優勝8回。現年寄八角。

※7　旭富士正也　第63代横綱。昭和35年7月6日、青森県つがる市生まれ。平成2年秋場所新横綱。同4年1月引退。身長188cm、体重145kg。優勝4回。引退後は現役名で年寄となったが、のちに年寄安治川を襲名。

※8　北の湖敏満　第55代横綱。昭和28年5月16

北、北海道出身の横綱は押しなべて子供の頃スキーで遊んでいました。第55代横綱で現在日本相撲協会理事長の北の湖※8が、現役時代、あるスキー場のオープン・セレモニーに出席したとき、自ら「オレはスキーがうまいんだ。本当はスキーを履いて滑りたいんだよね。でも横綱だから万一怪我したらたいへんだから」と言って橇《そり》で遊んでいたことがあります。

第56代横綱・二代目若乃花幹士はスキー場と温泉で有名な青森県南津軽郡大鰐町の出身。大鰐スキー場は国体をはじめとする全国大会を何度も開催しており、公式競技用のジャンプ台があります。二代目若乃花の下山少年は中学時代、夏は相撲で、冬になるとジャンプの選手でした。

第48代横綱・大鵬の入門前の職業は北海道弟子屈町の営林署職員でした。私は本人が「子供の頃、毎日のように鎌で下草を刈っていたのが、足腰の強さにつながったんだろうな」と言っていたのを直接聞いています。

このように、体の重心を安定させバランスを取る感覚や、それに伴う下半身の強靭さは力士にとって何よりの才能です。朝青龍をはじめとするモンゴル勢の強さの秘密も下半身の強さで、これは子供の頃から親しんでいる乗馬にあると、松田忠徳氏が著書の『朝青龍はなぜ負けないのか』（新潮社）で断言しています。

日、北海道壮瞥町生まれ。49年秋場所新横綱。60年1月引退。身長１７９cm、体重１７０kg。得意は左四つからの寄り、上手投げ。横綱連続出場記録６５３回、横綱通算勝利６７０勝は歴代１位。引退後は一代年寄北の湖を襲名。

体の柔らかさこそ大成のカギ

25歳のときに勤めていた新聞社の企画で相撲教習所に一日入門したことは、第一章でも述べました。そのときの経験は今でもはっきり記憶に残っています。股割りのきつさもさることながら、最も驚いたのは力士の体が非常に柔らかかったことです。

ぶつかりげいこをしろ、ということで助手として新弟子の指導にあたっている幕下力士[※1]の右胸めがけて、頭から当たっていきました。相手はぶつかりげいこのセオリーどおり、両手を広げ右足を踏み込んだ姿勢で胸を出します。「遠慮せずにやれ」という指示どおり、思いっきりぶつかっていきました。当時私の体重は85キロ、身長は１９３センチ。相手の幕下氏は１７５センチ、１１０キロくらいと記憶しています。もしかしたら少しは押せるかなと淡い期待を抱いていましたが、実際にぶつかってみると相手はびくともしません。６、７回ぶつかっていきましたが、何回やっても同じでした。

それよりも意外だったのが、相手の胸にぶつかったときの感触でした。幕下とはいっても相撲界に10年以上在籍しているベテランですから、胸や腕にはそれなりの筋肉

※1　幕下　幕下二段目の通称。十枚目に次ぐ力士の地位の総称。定員は約１２０名。特権として、博多帯と（冬場の）コートの着用が認められている。

がついています。胸の厚さなどは私の倍ぐらいはあったでしょう。私はけいこで鍛えた鋼《はがね》のように固い筋肉にバシーンと跳ね返されるイメージで当たっていたのですが、予想に反して相手の体は柔らかく、全身の力を振り絞って当たった勢いがクシャと吸収されてしまうのです。

何度やっても同じ。「バシーン」ではなく「クシャ」なのです。それはこれまで経験したことのない感触で、たとえて言えば、柔らかいスポンジが厚く張りめぐらされた板にぶつかったような不思議さでした。

当時、若い力士との雑談で、プロレスやボクシングなどの格闘技選手がけんかをしたとき、どの種目の選手がいちばん強いか、と他愛ない議論で暇をつぶしたことがありましたが、力士は必ずといっていいほど、「俺たち相撲が絶対に強い」と言い張って譲りませんでした。理由は「体の柔らかさが違うよ」でした。彼らの理屈では、「本当の強さは相手に力を振るうのではなく、相手の力を包み込んでしまう点にある」でした。

横綱が立ち合いで相手力士の先制を受けた形になってもびくともしないのは、この相手のパワーを吸収してしまう〝柔〟の強さを備えているからなのです。

このように力士にとって体が柔らかいのは大きな武器です。というよりも体の柔らかさは力士が大成する上で大切な条件の一つです。だいたい幕内の上位まで出世するような力士はおしなべて柔軟性を備えています。現在では大関の白鵬が見るからに柔らかい体をしています。過去では、昭和40年代に活躍した大関・大麒麟[※2]が有名で、「軟体動物」とか「砂袋」などといわれていました。得意は差し身[※3]のよさと足腰の確かさで、仕切りのときから体をくねくねさせ、差すと同時にまわしをつかみ、重心を低くしてもろ差しからの、つり、寄りを得意としていました。

「津軽なまこ」と力士仲間から呼ばれていた第63代横綱・旭富士も体の柔らかさでは定評がありました。身長１８８センチと上背があるだけに懐が深く、そのうえ柔らかい体。バランスがよく、なかなか倒れない重心の低さも兼ね備えていました。しかし、けいこ嫌いが災いし、口の悪い連中から「素質だけで昇進した」と陰口をたたかれ、横綱に昇進したものの、わずか1年半、9場所限りで引退してしまいました。

力士にとって最大の敵はケガです。そして硬い体はえてしてケガに泣かされます。代表的なのが第47代横綱・柏戸で、スピード、パワー、体格などの面では恵まれていましたが、体が硬かったばかりに、ケガで十分な成績をあげられませんでした。

柏鵬時代といわれましたが、優勝は大鵬の32回に対して柏戸はわずか5回です。右手首骨折、右肩関節挫傷、右肘関節挫傷、右鎖骨骨折、左曲下筋断裂、左肩甲骨脱臼、左足首捻挫などなどで、横綱在位47場所中全休6場所、途中休場6場所とケガに泣かされ、当時の時津風理事長（元横綱・双葉山）が柏戸の体の硬さを「あいつの体は瀬

※2 大麒麟将能　昭和17年6月20日、佐賀県佐賀市生まれ。45年九州場所新大関。身長１８２cm、体重１４２kg。49年11月に引退。年寄押尾川を襲名し、理事をつとめた後、平成18年に定年退職。

※3 差し身　相手に対して下手を差すときの身のこなし。自分に有利な差し手に組むのがすばやくうまい場合を「差し身がいい」という。

※4 中学生力士　昭和46年まで存在した、中学に在籍しながら協会に所属していた力士のこと。同年11月に文部省から「出席日数に満たない者が多い」と指摘され、翌47年1月から、義務教育終了者でなくては力士として登録できない規則を設けた。

戸物みたいだ」と嘆いた話は有名です。

　このように体の柔らかさは力士にとって必須条件です。体の柔らかさは筋肉の柔らかさ、関節の柔らかさ、動きの柔らかさなどに分解できますが、このうち関節、特に股関節の柔らかさは新弟子時代の股割りげいこで嫌というほど訓練を強いられますから、後天的に仕込むことが可能です。ただし、仕込むにも時期があります。相撲は開始する年齢が若ければ若いほどいいといわれるのは、昔のサーカスと同じで、体がまだ固まっていない10代前半の子供のときに徹底的に関節の柔軟さを身につけさせる意図があるからです。

　実際、昭和46年までは中学生の力士が存在し、部屋で取的をつとめながら学校に通っていました[※6]。

　しかし、筋肉の柔らかさ、動きの柔らかさについては、柏戸の例でもわかるように、ある程度先天的な素質に左右されます。そのため、新弟子をスカウトする親方は、体の柔らかさを必ずチェックします。しゃがませて足首の柔軟性を、体前屈で腰の柔らかさを、そして体を触って筋肉の柔らかさを何気なくチェックします。

　相撲で大成するには単に力が強く体が大きければいいというものでは、決してないのです。

力士の条件は「胴長」と「デカ尻」

巨人・大鵬・卵焼きと流行語にもなり、団塊の世代には知らない人間がいない第48代横綱・大鵬は全盛期の身長が１８７センチ、体重１５３キロ。当時としては身長、体重ともに超大型力士でした。しかし、昭和31年、16歳で初土俵を踏んだときの身長体重は１８４センチ、80キロ。全盛期からは想像できないほど、がりがりに痩せていました。

テレビで幕内の取り組みしか見ない人は、力士はみんな太っていると思っているかもしれませんが、太っている少年が力士にスカウトされるとは限りません。いや、むしろ専門家は、スカウト時点での体の大きさより、将来どのような体になるかをイメージしてスカウトします。

相撲担当記者時代、親方衆が口を揃える有望な力士とは、まず第一に骨格が大きい子供です。これは尻の大きさと足の大きさを見ます。遺伝子的には「母親の体を見る」とどの親方も言います。母親の体格を見て、骨格ががっしりしていれば文句なしです。加えて胴長、短足、体が柔軟であれば申し分ありません。

※1　**二所ノ関親方**　元大関・佐賀ノ花。現二所ノ関親方（元関脇・金剛）の岳父。

まず、尻の大きさは、力士のみならず、野球選手も押しなべて優秀な選手の条件になっています。松井秀樹、江川卓など実績を残している野球選手ははちきれるような尻をしています。野球、特に投手の場合、速いボールと正確なコントロールは安定した強靱な下半身に由来します。足を踏み出し、前後に脚を開き、その土台を安定させたまま、上半身と腕をしならせ、なるべくボールを長く持ち続け、ぎりぎりでリリースするためには、相撲と同じよう腰を中心とした下半身の軸が常にどっしりと座っていなければなりません。

大鵬をスカウトした当時の二所ノ関親方[※1]もひょろひょろだった体の中で唯一尻だけが大きかった大鵬を見て「こいつは大成する」と周囲に予言していたそうです。

足の大きさには骨格の大きさが表れます。スカウトは、体重より足の大きさをまず見ます。たとえば中学3年生で身長が１７６センチだったとしても、足のサイズが29センチあれば、有望です。

相撲は生身の体と体が激しくぶつかり合う格闘技です。激しくぶつかり合っても当たり負けしない体、ケガをしない体を作るには、けいこで筋肉の鎧をつけなければなりません。この筋肉と適度な脂肪が攻撃時にはパワーの源となり、防御的にはアメリカンフットボールのプロテクターの役目を果たします。

筋肉は骨につきます。ということは骨格ががっしりしていれば、後は相撲界の生活にからだを馴染ませれば、筋肉と脂肪はどんどんついていきます。たとえて言うなら、鉄骨がしっかりしているコンクリートの建物のようなもので、少々の地震ではびくともしないのと同じ理屈です。コンクリートをいくら厚くしても、鉄骨が細ければもろい建物になってしまいます。そして、この骨格の太さを測る目安が足の大きさなのです。

　相撲担当記者になって驚いたことの一つは引退した親方衆の体の大きさでした。手、顔、足……すべてが桁外れに大きいのです。身長では１９３センチの私のほうがはるかに勝っているのですが、体の部位の大きさでは完敗です。栃若時代に活躍した横綱・朝潮[※2]の高砂親方を初めて見たとき、手はグローブのようでしたし、顔は最近の小顔タレントの３倍はあろうかという大きさでした。小さい体ゆえに人気のあった寺尾[※3]だって同じです。現役時代身長１８６センチ、体重１１７キロで当時の幕内では軽量力士でしたが、引退してテレビに出演している姿を見ていると、さすがに元力士です。肩幅、顔、手などの体のどの部位も、横に並んでいるタレントと違っているのは歴然としています。

　胴長は先天的に重心が低く、まわしを取られにくい有利さがあります。要するに骨格が大きく、胴長で尻が大きい少年が、力士には最も適しているのです。

※2　朝潮太郎　第46代横綱。昭和４年、鹿児島県徳之島町生まれ。34年夏場所新横綱。37年１月引退。１８８㎝、１４５㎏。優勝５回。引退後は年寄振分、後に高砂を襲名。理事として活躍したが、63年10月に58歳で没。

※3　寺尾　現錣山親方。昭和38年２月２日、東京都墨田区生まれ。最高位関脇。１８６㎝、１１７㎏。得意は突き押し。寺尾は母親の旧姓。年寄井筒（元関脇・逆鉾）の実弟。

【力士の理想の体形】

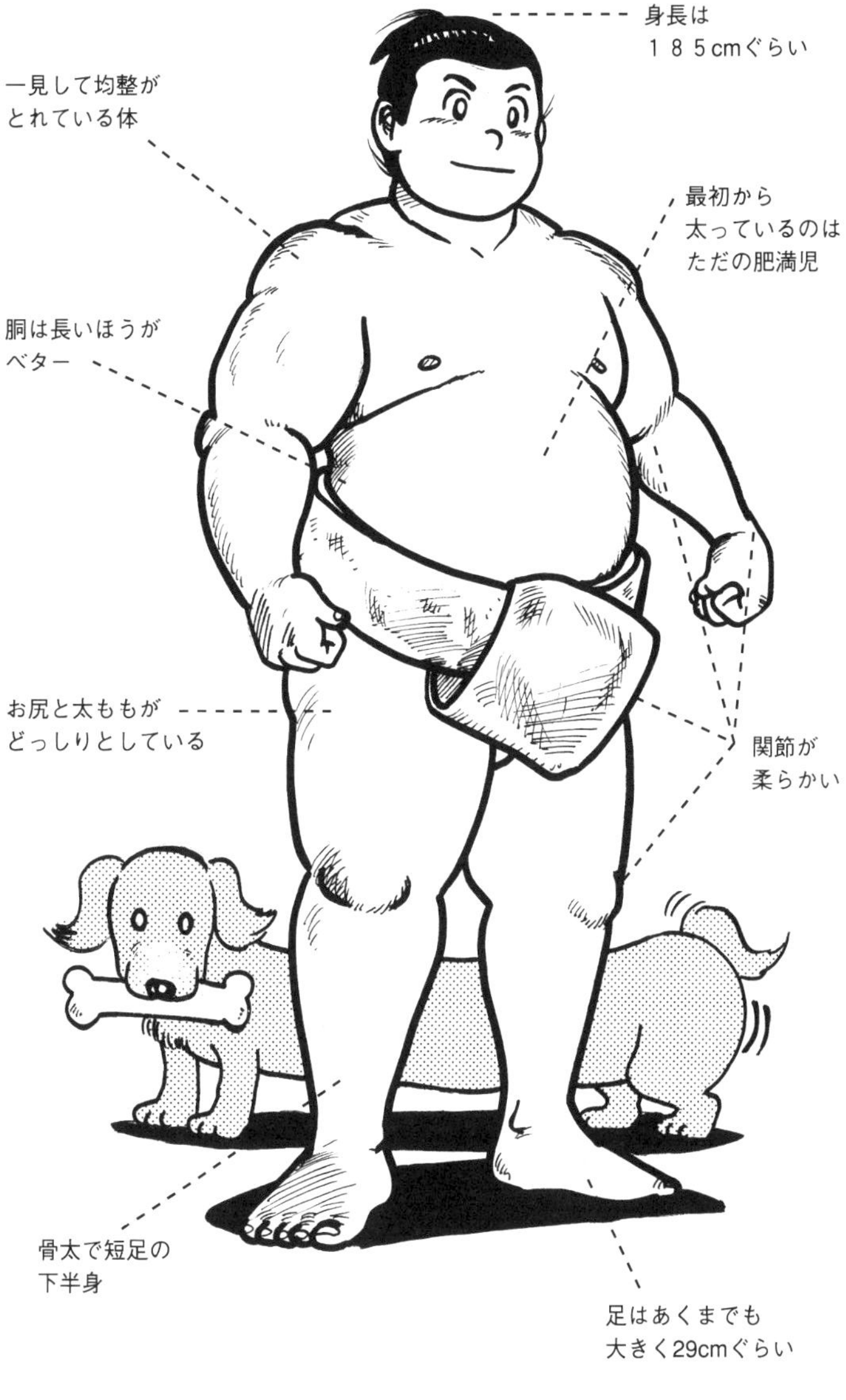
身長は
１８５cmぐらい
一見して均整が
とれている体
最初から
太っているのは
ただの肥満児
胴は長いほうが
ベター
お尻と太ももが
どっしりとしている
関節が
柔らかい
骨太で短足の
下半身
足はあくまでも
大きく29cmぐらい

体が大きいだけでは大成しない

23歳で横綱に昇進、将来を嘱望されたにもかかわらず、親方と対立、付け人が集団脱走する事件を起こし、最後はおかみさん※1に暴力を振るって24歳で廃業※2せざるを得なくなった横綱・双羽黒※3は身長１９９センチ、体重１５７キロと日本人には珍しく均整の取れた巨体の持ち主でした。体が柔らかく、胴長。大型力士には珍しく腰が十分に下りたので、大きい割には重心が低い理想的な力士でした。

双羽黒は小学生の頃から目をつけられ、当時名門にもかかわらず関取が途絶えていた立浪部屋では、入門してからも腫れものに触るように大事に育てられました。

当時の立浪部屋の古手力士が「北尾（双羽黒の本名）とけいこするときは肘を攻めちゃいけないんだ。親父（師匠）がケガでもされたら取り返しがつかないと言うんだよ。あんなに甘やかしちゃだめだよ」と吐き捨てるように言っていたことを今でも思い出します。

力士にとって身長が高いのは先天的な武器です。手が長いのでまわしが取りやすい。懐が深いので相手にとっては攻めにくい。双羽黒はそのうえ、体が柔らかく、脇も固

※1　おかみさん　部屋の師匠夫人の呼称。仕事は力士たちの衣食住の世話から後援会などとの交渉、連絡など多岐にわたる。

※2　廃業　平成8年10月まで使用されていた言葉。力士が現役や親方業を退き相撲協会から離れること。現在は、「引退」あるいは「退職」で統一されている。

※3　双羽黒光司　第60代横綱。昭和38年8月12日、三重県津市生まれ。61年秋場所新横綱。63年1月廃業。

※4　貴ノ浪貞博　現年寄音羽山。昭和46年10月27日、青森県三沢市生まれ。平成6年春場所新大関。同16年5月引退。優勝2回。

く、腰も下りていたのですから、50年に一人の逸材でした。その証拠は記録にも表れていて、新十両に昇進してから廃業するまで途中休場以外の場所はすべて勝ち越しです。

しかし、残念ながら全盛期に廃業。心技体とはよく言ったもので、体型、体格、技術がいくら優れていても、肝心の精神が充実していなければ横綱は務まらないという、格好の事例になってしまいました。

実は双羽黒は珍しい例で、一般的に身長の高い力士は、本来ならば絶対的に有利なはずなのに、高いがゆえの欠点をなかなか矯正できませんでした。典型的な例が優勝2回、大関通算37場所をつとめ上げた貴ノ浪[※4]です。身長197センチ、体重173キロ。並み外れた懐の深さが特徴でした。

相撲用語の「懐が深い」とは、相手から見て上背があり、腕が長く、まわしが遠くて取りにくいことを言います。

力士に聞いてみると「懐の深いやつは、なかなか押せないし、投げてもこけないいんだ」と、セオリーどおりにいかない点を強調します。本来力士は差されてはいけないし、差されそうになったら、おっつけなどの技を繰り出して差させないように抵抗するものなのですが、貴ノ浪は人並み外れて懐が深かったので、差されても肩越しに相手の上手まわしをつかめてしまうのです。

相撲の技術理論では、差し手の腕を返し、自分の重心を低くすれば、相手はまわしもつかめず棒立ちになって寄られてしまうものなのですが、貴ノ浪にはその常識がなかなか通用しないのです。先天的に足腰が強かったこともあって全盛期には、両差しになられても肩越しに相手のまわしをつかみ、つま先立ちになりながらも土俵際できわどく残し、体を入れ替えたり、小手投げ※5を打って逆転してしまうといった相撲をよく取っていました。

もちろん、専門家からは「体格だけに頼った取り口」とぼろくそでした。結局、小兵相手には強かったのですが、少し上背のある相手や、まわしを取らせない突き押しタイプの力士を苦手としたのは、懐の深さに頼る相撲の限界を物語っています。

明治以降の日本人横綱では大砲《おおづつ》※6が１９７センチ、１３１キロと超大型でしたが、技術的には拙劣で、四つに組んでの粘りだけが身上でした。９連続引き分けという珍記録を作り、「分け綱」の異名をつけられたほどですから、体格だけで相撲を取っていた典型です。

昭和の初期から戦前までの双葉山時代に活躍した男女ノ川《みなのがわ》※7は１９３センチ、１５５キロと当時としては長身でした。横綱にまで昇進したのですから、決して弱くはなかったのですが、得意技が極《き》め出《だ》し※8、小手投げというのは、貴ノ浪と同様に脇が甘く、長い腕と腕力だけを利用した力まかせの取り口だったのでしょう。横綱11場所で勝率

※5　小手投げ　相手の差し手外側から抱え込み、まわしを取らずに、上から押さえつけるように投げる技。

※6　大砲萬ヱ衛門　第18代横綱。明治２年11月28日、宮城県白石市生まれ。同34年横綱免許、41年引退。優勝２回。

※7　男女ノ川登三　第34代横綱。明治36年９月17日、茨城県つくば市生まれ。昭和11年夏場所新横綱。17年引退。優勝２回。

※8　極め出し　相手の差し手を外側から締めつけ、体の動きを封じて土俵外に押し出す。

※9　不動岩三男　大正13年８月６日、熊本県熊本市生まれ。最高位関脇。身長２１４㎝、体重１２６kg。期待されたが、昭和29年１月に29歳で引退。

は6割1分8厘。鋭い出足の力士にあっけなく負けるなど、もろさが目立つ横綱でした。

大関以下では戦後すぐに関脇まで昇進した不動岩※9が214センチ、126キロありましたが、やはり下半身がもろく、期待されながらも関脇止まり。栃若時代に活躍した202センチ、152キロの大関・大内山※10も下半身に欠点がありました。

このように日本人として身長が人並みはずれて高いのにもかかわらず、力士として技術的にも完成されていたのは、双羽黒と、江戸時代の18世紀後半に実在した197センチ、169キロで幕内通算成績が254勝10敗2分け14預り※11の雷電爲右エ門※12くらいなのかしれません。

ちなみに、江戸時代の錦絵に残っている7尺（213・5センチ）を超す大型力士は、釋迦嶽雲《しゃかがたけくも》右エ《え》門《もん》（226センチ）※13、大空武左《おおぞらぶざ》エ門《えもん》（227センチ）※14、生月鯨太左《いけづきげいたざ》エ《え》門《もん》（230センチ）※15の3人ですが、いずれも顔見せの土俵入りがメーンで、実際に取り組むことはまれでした。

※10　大内山平吉　大正15年6月19日、茨城県ひたちなか市生まれ。昭和30年夏場所新大関、34年3月引退。

※11　預かり　物言いがついて勝負判定が紛糾し決しかねた場合の判定。大正14年に廃止された。

※12　雷電爲右エ門　江戸中期の強豪力士。明和4年（1767）長野県東御市生まれ。優勝相当成績27回。44歳で現役を引退、58歳で没。

※13　釋迦嶽雲右エ門　明和7年～安永3年（1770～74）に活躍。

※14　大空武左エ門　文政10年（1827）土俵入りのみを行った記録がある。

※15　生月鯨太左エ門　天保15年～嘉永3年（1844～50）に活躍。

大きさよりも「瞬発力」と「敏捷性」

幕内通算成績８０７勝２５３敗１４４休。優勝は歴代2位の31回を誇り、国民栄誉賞を受賞した横綱・千代の富士が、力士でありながら陸上競技の大会に出場して入賞したことをご存知でしょうか。

北海道福島町の漁師の家に生まれた千代の富士の秋元少年は、生来の運動センスのよさと、船に乗って培った足腰の強さで、福島中学時代は陸上競技の万能選手でした。中でも、走り高跳び、三段跳びでは松前郡の大会を総なめにしていました。秋元少年をスカウトしたのは同じ福島町出身の元横綱・千代の山[※1]。当時の九重親方です。相撲が大嫌いだった秋元少年は、高校に進学して陸上競技を続けようと漠然と考えていましたが、九重親方は、体こそ小さいものの全身がばねのようで、そのうえ負けん気の強い面構えの秋元少年の素質にぞっこんでした。

中学3年の秋元少年は「飛行機に乗せてやるから」という、渋る子供を入門させる当時のリクルーティングの常套句で東京に誘い出され、そのまま当時浅草にあった九重部屋に入れられ、地元台東区の福井中学に編入しました。それでも秋元少年の陸上

※1　**千代の山雅信**　第41代横綱。大正15年6月2日、北海道松前郡福島町生まれ。昭和26年秋場所新横綱。34年1月引退。優勝6回。身長１９０cm、体重１２２kg。強烈な突っ張りが武器。引退後は年寄九重を襲名、出羽海から独立して高砂一門に。九重部屋を起こし北の富士、千代の富士を育てた。52年、51歳で没。

※2　**力士運動会**　親睦を目的に行われる催し。昭和29年以来現在まで9回実施されている。

競技への未練は絶ちがたく、台東区立中学の陸上競技大会に砲丸投げで出場し、２位に入賞してしまいました。

義務教育の中学を卒業すると、普通はプロの力士としての本格的な取的生活に入るものですが、秋元少年は明治大学附属中野高校に通い始め、半年たってやっと陸上競技への未練を断ち切り、相撲に集中するようになりました。

千代の富士がまだ十枚目だった昭和51年夏場所後に、相撲協会・力士会の自主運営で力士運動会[※2]が東京・世田谷の日大グラウンドで行われたことがありました。ここで当時は「肩を脱臼ばかりしている小さい力士」程度の評価しかなかった千代の富士が、１００メートル走で11秒の記録をマークしたのです。実は距離が90メートルしかなく、「やっぱり」となったのですが、それでも１００メートルに換算すると12秒前半。それほど、千代の富士の運動能力は抜きん出ていたのです。ちなみに、力士運動会はそれまで10年ごとに行われていて、徒競走の優勝者は、昭和31年が栃錦、昭和41年が柏戸でした。

もし、千代の富士が陸上競技を続けていれば、走力、跳躍力、投擲力のすべてを兼ね備えた十種競技の選手として、ひょっとしたらオリンピックに出場できたかもしれません。個人的には、ハンマー投げの室伏広治選手とイメージが重なります。

元栃錦の春日野親方は理事長時代、大成する力士の条件を尋ねられたときに「太らすのは後で何とでもなる。細身で、反射神経のあるやつがいいね。それと瞬発力だな。野球とか、陸上の短距離をやっていたのにいいのがいるよ」と言っていました。栃錦自身が関脇までは90キロほどの小兵で、運動神経のよさが身上だっただけに、多少の自画自賛はあるにしても、千代の富士の経歴を見てみると、優秀な力士の条件が運動センス、とりわけ瞬発力であることに納得がいきます。

たとえば大関・豊山。[※3]新潟県の新発田農業高校時代は定時制に通いながら野球のピッチャー兼一塁手。陸上競技にも出場し、砲丸投げ、円盤投げの投擲種目が得意でした。身長１８９センチの均整のとれた体で、卒業時には野球で中央大学と巨人から勧誘を受けました。結局、勉強好きで大学に進学したかった当時の内田少年は、東京農業大学相撲部の監督から大学受験を勧められ、見事に試験にも合格しました。しかし、大学進学の条件が「相撲を取る」だったので、野球をするわけにはいきません。ところが、相撲でも非凡な才能を発揮し、第38回全国学生相撲選手権大会で優勝し、各部屋入り乱れてのスカウト合戦の末に、鳴り物入りで時津風部屋に入門、いきなり異例の幕下十枚目格に付け出され、プロの世界にデビューしたのです。

野球経験者はその他、北の富士は剛速球を投げるピッチャーだったし、奔放な発言で人気だった金剛[※4]は北海道一已村（現深川市）の音江中学時代はピッチャーで四番。当時北海道の甲子園出場常連校だった北海高校に勧誘されています。

※3 **豊山勝男** 昭和12年8月18日、新潟県新発田市生まれ。38年春場所新大関、43年9月引退。１８９cm、１３７kg。引退後は時津風部屋を継承、理事長をつとめた。

※4 **金剛正裕** 現年寄二所ノ関。昭和23年11月18日、北海道深川市生まれ。最高位関脇。優勝１回。51年9月、27歳で引退。

※5 **玉ノ富士茂** 現年寄片男波。昭和24年11月24日、栃木県那須郡生まれ。最高位関脇。得意は右四つからの上手投げ、寄り。１８５cm、１２７kg。

※6 **貴ノ花利彰** 昭和25年2月19日、北海道室蘭市生まれ。47年九州場所新大関。優勝2回。１８２cm、１０６kg。初代

ばねといえばジャンプ力ですが、バスケットボール出身者も目立ちます。曙は204センチの長身を生かして、カイザー高校時代はパワーフォワードとしてハワイ州の高校選抜メンバーにも選出され、バスケットボールの奨学生として地元ハワイのパシフィック大学に進学しています。

玉ノ富士[※5]も東京の聖徳学園関東高校時代はバスケットボールのセンター。1年のときからレギュラーで、私は高校1年のとき、関東大会で直接同じコートに立って対戦したことがありますが、ゴール下に強く、特にリバウンドに非凡なセンスを持っていました。

水泳出身者は、メキシコオリンピックのメダル候補とまでいわれながら「水泳ではメシが食えない」の名文句を吐いて兄の部屋に入門した、先代二子山親方の元大関・貴ノ花[※6]。同じく元大関・増位山[※7]の三保ケ関親方は日大一高時代、自由形で関東大会で優勝しています。鷲羽山[※8]も平泳ぎの岡山県記録を作っています。

テレビに映る力士からは敏捷性や瞬発力は確かに想像しにくいかもしれませんが、相撲も他のスポーツ同様に、いや他のスポーツ以上に、優れた身体能力が求められているのです。

横綱・若乃花の実弟。引退後は年寄藤島を襲名後、二子山部屋を継承、実子の若乃花、貴乃花らを育てた。平成17年、55歳で没。

※7　増位山大志郎（二代目）　現年寄三保ケ関。昭和23年11月16日、東京都墨田区生まれ。55年春場所新大関。56年3月引退。先代増位山の長男。足技が得意だった。

※8　鷲羽山佳和　現年寄出羽海。昭和24年4月2日、岡山県倉敷市生まれ。最高位関脇。174cm、112kg。引退後年寄境川を襲名、のちに出羽海を継承。

メンタルな要素は責任感と素直さ

相撲担当記者時代の昭和56年（1981）6月、ソ連、中国に続く3回目のメキシコ海外公演[※1]を力士たちに同行して取材したことは、今でもいい思い出です。当時、直前の夏場所の番付は東の横綱が現理事長の北の湖、西が現間垣の2代目若乃花。大関は東が現九重の当時大関に昇進して2場所目の千代の富士。東の大関は空位で若乃花が大関を兼任する「横綱大関」でした。

ところが、若乃花はこの場所、頸椎損傷で3日目から途中休場。メキシコ公演での横綱は北の湖一人になってしまいました。

海外公演は海外巡業と違って、相手国からの招待があって実施されます。目的は興行ではなく日本と相手国との友好と親善を深めることで、力士は、いってみれば「裸の大使」として、伝統の国技である相撲の文化を広める重責を担っているわけです。

マイクの前であいさつをしなければならないし、セレモニーにはすべて出席しなければなりません。メキシコはのんびりしたお国柄で、時間は非常にゆっくりと流れ、晩餐会の開始は午後8時の予定が10時近くになることもしばしば。そのうえ、時計の

※1 **海外公演** 相手国から招待されて、大相撲を海外で開催すること。巡業と異なって利益は派生しない。昭和40年ソ連で行われて以来、中国、メキシコ、アメリカ、カナダなど13回行われている。

針が12時を回ってもなかなかお開きにはなりません。

　加えて、メキシコシティーは海抜２２４０メートルの高地に位置し、日本人にとっては酸素が薄く息が切れやすいし、普通に動いていても日本での倍は疲れやすい所です。

　そのような中、北の湖は「横綱は協会（相撲）の看板なんだから」と嫌な顔ひとつせずに親善の前面に立っていました。

　歓迎レセプションでは感謝のあいさつをし、メキシコの政府関係者を招いての返礼パーティーでは、羽織袴姿で、四斗樽の日本酒を汗だくになりながら、お客さんの枡に柄杓で丁寧についでいました。

　傍で見ていた私は横綱・北の湖の責任感に敬服してしまいました。幕内通算８０４勝２４７敗１０７休、優勝24回の成績はもちろん立派ですが、横綱に昇進した昭和49年の秋場所から昭和56年の秋場所まで、丸７年間一度も休場しなかったのは、メキシコで垣間見た「横綱は公のもの。自分勝手は許されない」という北の湖の責任感を十分に裏付けるデータです。

　力士の素質は、これまで述べてきたように体格や運動センスなどのフィジカル的な面が重要ですが、最も重要なのが心技体の心、つまりメンタル面です。現役時代えらの張った顎の形といかにも負けず嫌いの目、それにしぶとい取り口から「まむし」とあだ名された元栃錦の春日野理事長が「心は面構えに出るんだ。目に迫力があり、それでいて素直なのがいい」と言っていました。人の忠告を素直に聞く素直さと、自分がやらなくちゃという責任感の強さ、それになにくそという負けん気が、出世する力士の条件のようです。

　北の湖は北海道・壮瞥町の中学時代、１年生ながら柔道の胆振西部大会で高校生を負かしてしまったほどで、当時の小畑少年のもとには数多くの相撲部屋のスカウトが殺到しました。しかし、入門したのは、出羽一門[※2]の末席に連なっていた小部屋の三保ヶ関部屋。決め手になったのは金でも待遇でもなく、まっ先に自宅に訪ねてきた三保ヶ関親方[※3]が、おかみさん自ら編んだ手編みの靴下を手土産に持参したからでした。義理堅く、筋を通す律儀な性格は、どこか責任感の強さにつながっているのかもしれません。

　北の富士と同時代に活躍し、「北・玉時代」を築いた玉の海[※4]は完成された右四つの型で将来名横綱になるだろうといわれた逸材でしたが、昭和46年10月、虫垂炎の手術の後に右肺動脈幹血栓症で現役のまま27歳で急逝しました。亡くなる直前の秋場所、虫垂炎を薬で散らしながら15日間の土俵をつとめ上げましたが、それが死期を早めたともいわれています。北の湖と同じように、筋を通す義理堅さと責任感の強さが文字どおり命取りになってしまったのです。

※2　出羽一門　当時の出羽海一門は本家の出羽海、春日野、三保ヶ関の三部屋のみ。

※3　三保ヶ関親方　先代三保ヶ関。元大関・初代増位山。

※4　玉の海正洋　第51代横綱。昭和19年２月５日、愛知県蒲郡市生まれ。45年春場所新横綱。身長１７７cm、体重１３５kg。優勝６回。得意は右四つからの上手投げ、つり、寄り。横綱在位10場所の平均勝ち星が13勝と将来を嘱望されたが、46年10月、27歳で急逝。

※5　佐田の山晋松　第50代横綱。昭和13年２月18日、長崎県有川町生まれ。40年春場所新横綱。43年３月引退。優勝６回。１８２cm、１２９kg。得意は突き押し。引退後は

格闘技に転向してしまった曙も取り柄は素直さでした。幕下時代の平成元年の夏に東関部屋が合宿していた岩手県藤沢町に取材に行ったときに、私の質問に嫌な顔ひとつせずに謙虚に答えてくれていたのが印象的でした。

理事長をつとめた佐田の山[※5]は激しい突っ張りが武器でした。これは同じ出羽海部屋の先輩力士だった出羽錦[※6]の指導によるものだといわれています。全盛期でも１８２センチ、１２９キロと普通よりやや大きい程度。若い頃は体もやや硬く、不器用であまり素質がないといわれていましたが、出羽錦が佐田の山の腕の長さに目をつけ、「長い腕を持っているんだから立ち合いから思いきって突っ張っていったらどうだ」とアドバイスしたのを素直に聞き入れてけいこに励んだ結果が、柏鵬時代にあっても決してひけを取らない成績を残せた要因の一つです。

土俵の鬼と呼ばれたことで有名な初代横綱・若乃花は横綱昇進が決まったとき、うれしさよりも不安でいっぱいだったと述懐しました。理由は、「横綱は負けが込めば引退しかない。引退したら家族を養っていけないので、できることなら大関のままでいたい」でした。

律儀さ、素直さ、責任感、そして忍耐力と負けじ魂。このあたりがどうやら出世する力士に共通するメンタリティーといえそうです。

年寄出羽海を襲名、その後年寄境川、のちに中立となり平成15年に定年退職。理事長を3期つとめた。

※6 **出羽錦忠雄** 栃若時代の名脇役。大正14年7月15日、東京都墨田区生まれ。最高位関脇。１８１cm、１４３kg。腰の重さに定評があり若乃花（初代）とは3回引き分けている。栃錦の親友。引退後は年寄田子ノ浦を襲名。平成17年、79歳で没。

COLUMN 2

本場所の変遷

本場所の年間興行数は、番付資料の残っている宝暦年間（１７５１〜64）に年2場所が定着して以降、一部の例外はあったものの、昭和20年代はじめまで、本場所は、春（1月）、夏（5月）の年2回の開催が常態だった。

昭和24年（１９４９）〜26年までは、春（東京）、夏（東京）に10月の秋場所（大阪）が加わり、年3場所に。27年は東京のみで1月、5月、10月の年間3場所を開催。翌28年から初場所（1月＝東京）、春場所（3月＝大阪）、夏場所（5月＝東京）、秋場所（10月＝東京）の年4場所となった。

昭和32年からは、11月の九州開催が加わって、1月、3月、5月、9月、11月の年5場所になり、翌33年に7月の名古屋場所が開催され、現在の年6場所となった。

また、興行日数は、宝暦7年（１７５７）に「晴天八日間」の記録が残っており、安永7年（１７７８）から晴天10日間の興行が常態化した。

「晴天」は興行が屋根のない小屋掛け方式で行われ、雨天などの場合は興行が開催できなかったため。記録では、天候不順で続行できず5日間で打ち切られたり、24日かかったりするケースもあった。

明治42年（１９０９）、両国に相撲常設館「国技館」が完成してからは、晴雨にかかわらず10日間興行となり、その後、大正12年5月に養老金増額の目的で1日興行日を増やし11日間に。昭和12年に13日間、昭和14年に15日間となる。

昭和19年から、終戦後の昭和24年1月までは、変則的な開催日数だったが、昭和24年夏場所からは、現在の15日間興行が定着している。

第三章◇相撲は日本文化

七〇　力士はなぜ四股を踏むのか

四股が足腰の強化のために絶対的に必要な基礎トレーニングであることは、これまで繰り返し述べてきました。しかし、よく考えれば、足腰を鍛錬するためには四股以外の方法もいくらでもあります。うさぎ跳び、プロレスラーの定番トレーニングであるスクワット[※1]、古タイヤに紐を結びつけ腰で引っ張る鍛錬方法も昭和40年代までは奨励されていました。

相撲のフィジカル・フィットネスの目的が下半身の強化と安定であるとすれば、四股以外の、たとえばスクワットやタイヤ引きのようなトレーニングがなぜ相撲には取り入れられなかったのでしょうか。

相撲は江戸時代に現在のスタイルが出来上がったので、近代的なマシーンがなかった当時の足腰の鍛錬は四股しかなかったのでしょうか。いや、洋の東西を問わず、足腰の強化と安定は今のスクワットに近いトレーニングがかなり昔から行われていたはずで、ローマ時代の格闘技の選手は大きな石を抱えて屈伸運動を行っていました。

では、なぜ四股なのでしょうか。日本古来の武術である剣道、柔術なども同じよう

※1　スクワット　大腿部の強化を目的とする、上半身を垂直に伸ばした状態で膝の屈伸をする運動。

※2　六根清浄　霊山に登るとき修行者が唱える文言。六根は仏教用語で眼、耳、鼻、舌、身、意の感官。六根から生じる迷いを断って、清らかな身になること。

に下半身の安定と強化が必要なのですが、鍛錬の方法として四股は行われませんでした。つまり、世界中で行われている格闘技の中で、日本の相撲だけが、力士だけが四股を踏んでいるのです。

　実は四股には単に格闘技の一トレーニング方法以上の、日本ならではの独特の意味が込められているのです。

　辞書で「しこ」を引くと、まず漢字の「醜」が出てきます。意味は「強く頑丈なこと」と書いてあります。次に「四股は醜足《しこあし》が略されたもの」とも書かれています。そのとおりで、四股の語源は「醜」なのです。

　井沢元彦氏の『逆説の日本史』（小学館文庫）の中で繰り返し書かれている、日本人の精神世界を理解するためのキーワードが「穢《けが》れ」です。日本人は清らかなこと、穢れていないことに価値を見いだし、逆に穢れているもの、汚いものを忌み嫌う精神構造を持っているといわれています。不吉な話をするとたいていの人が「縁起でもない」と言って嫌な顔をするのは、言葉の上でも穢れを嫌っているからです。

　穢れは「気枯れ」とも書きます。つまり穢れているもの、元気のないもの、人間にとって嫌なものは、人の死、病気、災害などです。逆に清らかなものは神です。今でも神が宿るといわれる山に参詣するときは「清浄《しょうじょう》、清浄、六根清浄※2」と唱えながら登っています。

穢れの要因は悪霊と考えられています。この悪霊が悪さをしでかすと、災害が発生すると昔の日本人は真剣に考えていました。菅原道真※3が不本意な人事で九州に左遷され、都に戻れず死んだため、その恨みが雷《いかずち》という悪霊となったといわれているのは有名な話です。悪霊がつかないようにするためにはどうしたらいいかといえば、神の力を借りて悪霊の怒りを鎮めなければなりません。実は四股を踏むことそのものが、神の力を借りて悪霊の怒りを鎮める行為でもあるのです。

日本は「豊葦原の瑞穂の国」※4といわれてきたように、基盤になる産業は弥生時代から昭和30年代まではずっと農業、とりわけ稲作でした。農業にとっていちばん喜ぶべき出来事は言うまでもなく豊作、五穀豊穣です。逆に五穀豊穣を妨げるのが天変地異です。台風、冷害、旱魃《かんばつ》、害虫の発生、地震、水害などです。これら自然の災害を昔の人は悪霊の仕業と考えました。自分たちが暮らしている大地の中に悪霊が生息し、この悪霊が暴れだすと天変地異が起こり、豊かな実りの秋を迎えられない、と考えたのです。

では、悪霊が暴れないようにするためにはどうしたらいいのか。神にお願いしなければなりません。一般的に土俵は神聖な場所とされています。相撲記者になりたての頃、先輩にまっ先に注意されたのが「靴のまま土俵に降りると殺されるぞ」でした。

これは競技が行われるから神聖なのではなく、文字どおり神が降りてくる場所が土

※3 菅原道真 ８４５〜９０３年。平安前期の学者、政治家。高級官僚だったが、延喜元年（９０１）讒言により九州・大宰府に左遷され、当地で没する。

※4 豊葦原の瑞穂の国 神意によって稲が豊かに実り、栄える国の意。日本国の美称。

俵だからです。仏教で、修行のために一定区域を限定し、その区域に修行の障害となるものを入れないことを「結界」といっていますが、土俵はまさにこの「結界」なのです。後述しますが、土俵の中には神が降りてきやすいように、さまざまなお供え物が埋められています。

ちなみに、神は清浄を好みます。その神が降りてくる土俵は当然清浄でなければなりません。土俵に女性が上がれない理由は、女性特有の「不浄」が存在するからといわれています。したがって、元内閣官房長官の森山真弓氏や太田房江大阪府知事が提起した、表彰式で女性が土俵に上がる問題は、相撲協会では解決できません。横綱審議委員でもある脚本家の内館牧子氏が『女はなぜ土俵に上がれないのか』（幻冬舎新書）で詳しく書いていますが、人権に基づいた性差別のテーマではなく、むしろ神道など宗教学の問題なのです。

その神聖な土俵上で、人間の中でも人並みはずれた醜い（強く頑丈な）男が力強く両足で大地を踏みしめ、土の中にいる悪霊を「地上に出てくるな。ずっと土の中でおとなしくしていろ」と鎮める。実は、この行為が四股なのです。

世界中で日本の力士だけが四股を踏むのは、このような日本の農業と土俗信仰からきている、神道文化の考えを反映しているからなのです。

なぜ塩をまくのか

私が初めてテレビで相撲中継を見たのは昭和30年代の前半、まだ小学校の低学年の頃で、相撲界は栃錦、若乃花の両横綱が中心の栃若時代でした。今でも印象に残っているのは、栃錦のお尻が汚かったことと、若乃花が制限時間いっぱいになると右手を口に運んで、握り締めた拳の中の塩をぺろっと舐めるしぐさでした。そのとき、漠然となぜ力士は土俵に塩をまくのだろう思い、同居していた叔父に聞いたところ「それは、舐めるためさ」と言われ、その後数年間は信じて疑いませんでした。

力士が塩をまくのは、もちろん舐めるためではありません。当時の若乃花はおそらく緊張による喉の渇きを癒し、これからいよいよ本番だという刺激を舌から脳に伝達するために舐めたのだと思われます。今でも、最後の塩をまいた後、人差し指の先を舐めてからまわしでぽんぽんと手についた塩を落とす力士が何人かいます。

現実問題として力士にとっての塩をまく効果は、緊張による手のひらの発汗を抑える、野球にたとえるならロージンバッグ[※1]の役割が一つ。どうしても緊張してしまう気の小さな力士が、大量の塩をまくことで度胸をつけるためにも利用されています。代

※1 ロージンバッグ 滑り止め剤の粉末を入れた布袋。主に球技の選手が手先の滑り止めを目的として使用する。

※2 青葉山弘年 昭和25年4月3日、宮城県黒川郡大郷町生まれ。最高位小結。身長１８７㎝、体重１３２㎏。筋肉質の締まった体で、右四つ左上手からの吊りを得意とした。引退後は年寄桐山を襲名。のちに浅香山として審判委員をつとめたが、平成9年に47歳で没。

表的なのは水戸泉や、昭和50年前後に活躍した青葉山[※2]が有名です。草相撲レベルでは、けがをしたときの消毒薬の代わりも果たしていました。

塩は洋の東西を問わず、人間が生きていくには欠かせない物質です。サラリーマンのサラリーの語源も、ローマ時代、兵士の給料を塩（ラテン語でSAL）で支給していたからといわれているくらいです。特に周囲が海に囲まれ塩を海水に依存していた日本では、塩は潮と同義語で、海の持つ豊饒性、浄化作用、広大さ、そしてその海の水から作られる塩の純白色が、神聖視されたものと思われます。

特に清めの塩は、今でもお葬式で配られています。料亭などでは玄関に「盛塩」をする習慣が今でも残っています。このように、日本では、塩は穢れを取り除き、心身を清浄にして生命力をよみがえらせる役目があると思われていました。穢れは気枯れから転じたともいわれています。したがって、塩は労働などで汗をかくと必ず補給しなければならないミネラル成分、つまり「気枯れ」て弱った体に再び元気を取り戻す力を持っていると太古の日本人は真剣に考え、神に近い力を持っている物質として特別な思いを寄せていたのです。

相撲は勝つか負けるかの勝負の世界です。また、激しい格闘技だけにけががつきものです。塩は本場所の土俵の上だけではなく、それぞれの相撲部屋でもけいこ場の常備品で、けいこ中は新弟子が塩の入った笊《ざる》を両手で持って土俵の横にずっと立っています。

たとえば本場所前の朝げいこ、８時過ぎになると白いまわし姿の関取が土俵に下りてきます。そのとき、必ずといっていいほど力士は自らの下半身、特に膝や足首に軽く塩を振りまきます。もちろん、ケガをしないようにというまじないですが、塩の持つ力に頼ろうとしているのです。

朝げいこが終わると相撲部屋の土俵はきれいに掃き清められます。そして土俵の上を覆っていた砂は中央の１カ所に集められ山の形に盛られます。その砂の山に御幣が差し込まれ、その前に盛り塩がされます。

本場所では塩は竹のかごに入れられ、一日45キログラムが消費されます。使われるのは精製されていない粗塩で、その理由は力士の指の間からこぼれにくいのと、力士の手に適度な湿り気を与えるためです。普通本場所で塩をまけるのは十両以上に限られています。

塩を使うのは何も力士に限ったことではありません。昭和34年春場所６日目、土俵の近くで観戦していた中年の男性がやおら立ち上がり、すたすたと土俵まで歩いていくと、持っていたゆで卵に土俵の塩をつけてうまそうに食べたという話もあります。

相撲と塩は歴史的にも文化的にも密接に結びついているのです。

【土俵は神聖な場所】

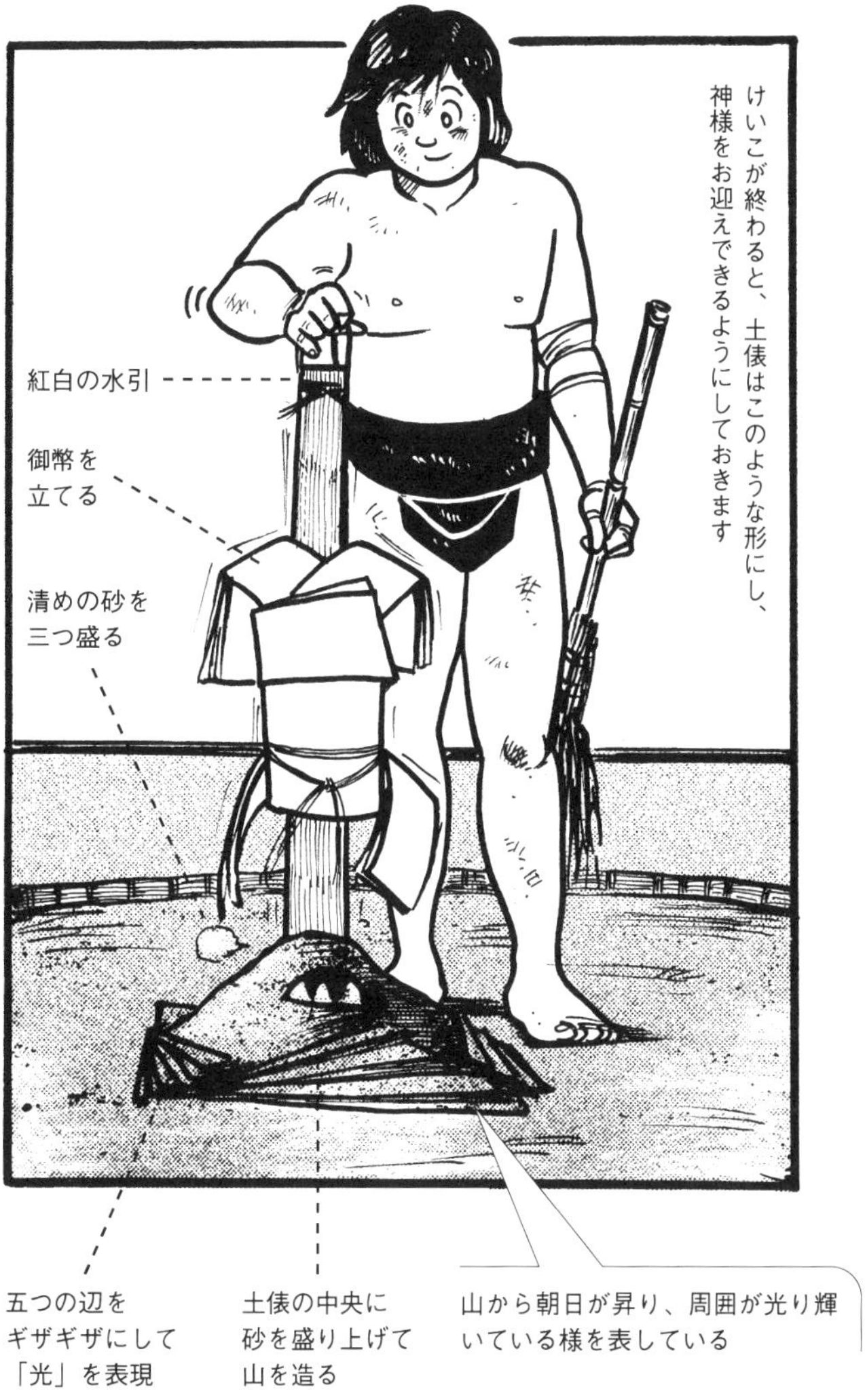
けいこが終わると、土俵はこのような形にし、
神様をお迎えできるようにしておきます
紅白の水引
御幣を
立てる
清めの砂を
三つ盛る
五つの辺を
ギザギザにして
「光」を表現
土俵の中央に
砂を盛り上げて
山を造る
山から朝日が昇り、周囲が光り輝
いている様を表している

水は活力の源

生まれたときに産湯を使い、死ぬときに末期の水を口に含む日本人にとって、水は生活そのものであるとともに、文化や考え方の根本に関わっている重要な物質です。山青く水清し、といわれている日本列島の自然環境は、日本独特の文化を育んできました。昔から「三尺流れて水清し」というように、水は穢れを洗い流し、祓い清めてくれる役割を持っていました。

温帯モンスーン気候の日本は年間降水量が約１８００ミリと、世界平均のおよそ２倍あります。そのうえ、平地が少なく山がちなことから、全国どこに行っても流れの速い清流が存在し、湧き水もいたるところで見られます。

このような自然環境の中で歴史を作ってきたわれわれ日本人は、今でも嫌なことを忘れたいときには「そのことは、水に流そう」と形容し、逆にあっさりしすぎていることを「水くさい」といいます。いずれも、不浄なものを水で清める、水が汚いものを流してくれるという日本の自然環境がもたらした考えで、21世紀になった今でも、日本人の心の奥には根強く残っている価値観です。

※**1　時計係**　時計係審判が正式名称。向こう正面の行司溜まりの赤房下（東寄り）に座る審判委員で、制限時間を計り、行司・呼び出しに知らせる役目を担当する。

※**2　魁傑将晃**　現年寄放駒。昭和23年２月16日、山口県岩国市生まれ。50年春場所新大関、54年１月引退。１８８cm、１２８kg。優勝２回。柔道出身で、得意は突っ張り、左四つからの投げ、足技。協会理事で審判部長。

※**3　旭國斗雄**　現年寄大島。昭和22年４月25日、北海道上川郡愛別町生まれ。51年初場所新大関、54年９月引退。１７４cm、１２１kg。安定した下半身が持ち味。捻り、とったり、無双など多彩な技を披露した。旭天鵬の養

このように、日本人にとって水は神聖なものです。ですから力士は土俵に上がるとまず水をつけます。一説では戦いに臨む前に、生きては帰らない決意の表れといわれる「水杯」の儀式が取り入れられたともいわれていますが、むしろ水の持つ清めの力を共有したいという思いが「水をつける」儀式に込められていると考えるのが自然ではないでしょうか。

「水をつける」とは、これから取り組む土俵上の力士に対し、ひしゃくに汲んだ水を差し出すことをいいます。水を差し出すのは前の取り組みで勝った力士に限られます。負けた力士は次の力士に水をつけることはできませんから、控えにいる次に相撲を取る力士が水をつけます。結びの一番などで控えの力士がいない場合は、付き人が水をつけますが、その場合も当日勝った力士に限られます。

最近はあまり見られなくなりましたが、相撲が長引くと「水」が入ります。時間にしておよそ4〜5分経過しても決着がつかず、両力士に疲労が見えたときに、時計係の審判委員[※1]から合図が入り、行司が審判員の承諾を得て競技を中断し、両力士がしばらく休憩することを「水入り」といっています。

私が実際に取材したケースでは、昭和53年春場所の魁傑[※2]対旭國[※3]戦で、二度の水入りで、三度目の取り組みは後回しになり、結びの一番終了後に行われました。このときの打ち出しは6時20分。昭和28年にテレビ中継の関係で打ち出しを午後6時と設定し

父。協会理事で巡業部長。

て以来、初めての大幅時間延長になってしまいました。

さて、水が入ると力士は土俵を下りて文字どおり力水を口に含み、まわしを締め直します。子供の頃、水入りは喉が渇いて水を飲むからだとばかり思っていましたが、水の持つ生命力を気が枯れた力士に注ぎ込むため、というのが本来の意味なのです。

このように〝日本の水〟の持つ強い力を人間に反映させようとするのが力水です。

相撲界では本場所の土俵の上だけではなく、けいこ場でも日常的に目上の人に対してのあいさつとして、水がつけられています。一例を挙げると、けいこを終えた力士が上がり座敷で見ている親方に「ごっつぁんです[※4]」と言ってひしゃくに入った水を差し出します。付け人は関取に、後輩力士は先輩関取に水をつけます。右手でひしゃくの柄を持ち、左手の人差し指と中指を揃えて柄の根元を支えて差し出します。受けるほうは、右手をひしゃくに添えて水を飲みます。

けいこ場でひんぱんに見られる光景で、水をつけることは「ありがとう」や「よろしくお願いします」や「がんばってください」などの力士同士の礼儀、無言のメッセージとなっています。

右手でひしゃくの柄を持ち、左手の人差し指と中指を柄の根元に添える「水つけ」のスタイルは何となくカッコがよく、相撲記者時代は宴会のビール注ぎでよく真似をしたものでした。

※4 **ごっつぁん** 相撲界独特の感謝の表現。「ごちそうさま」がなまった言葉。相手に何かをお願いするときにも「その本、ごっつぁんです」と使う。「ごっちゃん」ともいう。

【けいこ場で兄弟子に水をつけているシーン】

左手の中指と人差し指を
柄に添えて差し出す

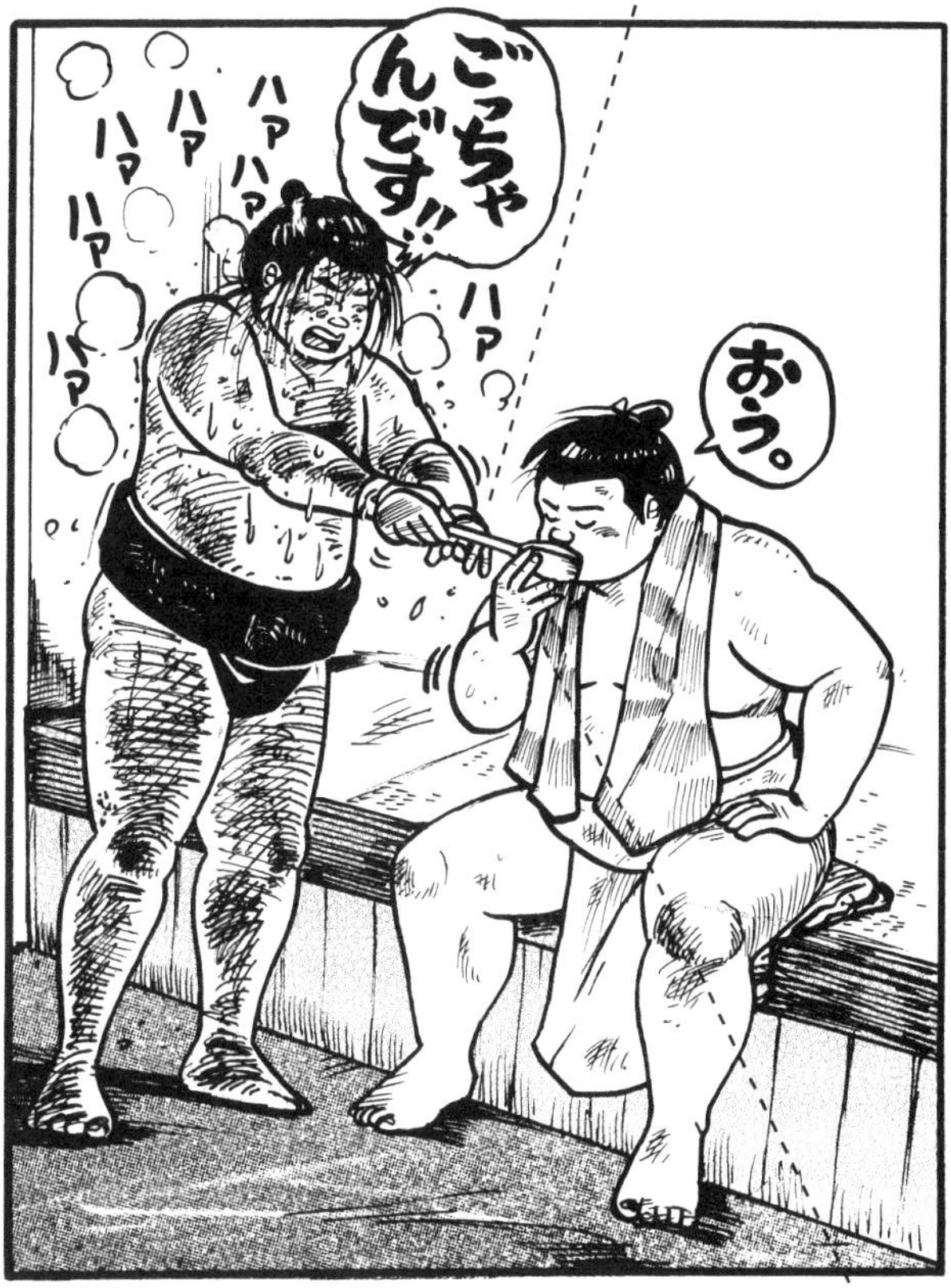

軽く手を添えて
相手の敬意に
応えます

土俵に埋まっているもの

「人間辛抱だ」で有名な初代若乃花の花田勝治氏は、自らが逆境の中から努力を重ねて横綱に昇進しただけに、弟子たちにはよく「土俵の中には銭が埋まっているんだ」と言っていました。中にはとぼけた弟子もいて、夜中に土俵をスコップで掘り返したという話も残っていますが、要はけいこを重ね努力を怠らなければ、いくらでも金を稼ぐことができる、というプロ力士としての心構えを端的に表現したわけです。

　ところが、国技館の土俵の中にも、各相撲部屋の土俵の中にも、実は〝埋まっているもの〟があるのです。

　何度も説明していますが、土俵は力士と力士がぶつかり合う競技場というだけの存在ではありません。相撲は、その起源とされる奈良時代から平安時代まで行われていた相撲節《すまいのせち》※1が天皇の前で荘厳に執り行われた宮中儀式であったように、多分に宗教がかったものでした。

　したがって、競技場である土俵は、神が降りてくる場所なので、ただ土を盛って固めればいいというものではなく、使用するに際してはそれなりの形や手続きを踏んだ

※1　相撲節　相撲節会（すまいのせちえ）ともいった。現在につながる相撲の原型で、奈良時代から平安末期まで、宮中行事として天皇の前で演じられた。

※2　優勝額　本場所の幕内優勝者に毎日新聞社から贈呈される、力士の肖像を描いた額。大きさは約畳5枚分で重さは約80kg。国技館の天井近くに東西南北各面に8枚ずつ、合計32枚が掲げられ、古いものから順に取り替えられていく。

※3　立行司　大相撲の行司の階級の最高位。定員は2名でそれぞれ「木村庄之助」「式守伊之助」を名乗り、庄之助が上位で結びの一番をさばく。

〝魂《たましい》入れ〟をしなければなりません。

相撲担当記者時代、年3回、東京本場所の初日の前日に行われる「優勝額贈呈式※2」の取材に必ず行ったものでした。直前の地方本場所とその前の東京本場所の優勝者二人が呼ばれ、国技館の正面玄関前で、主催者から縦3・17メートル、横2・28メートルの優勝力士を描いた額を授与される恒例行事です。私たち記者の目的は贈呈式の取材ではなく、二人の力士（連続優勝の場合は一人）に翌日から始まる本場所へ向けての抱負を聞くことでしたが、この行事が行われる初日前日の午前中、国技館内の土俵では「土俵祭《どひょうまつり》」という儀式が行われるのが恒例になっています。

土俵祭は、これから始まる本場所が事故なく終わるようにと、平安無事を祈願する神事です。神官装束の立行司※3が脇行司二人を従え、土俵中央に設置された御幣7本が立てられた臨時の祭壇の前で、祝詞《のりと》を奏上したり、修祓《しゅうばつ》を行ったりします。建築現場での竣工式や落成式のときに行われる儀式と同じようなもので、もともとの目的は五穀豊穣、国家安泰を神に祈願する日本古来の神道に由来するものです。

立行司は自慢の美声で祝詞を奏上します。「天地《あめつち》開け始まりてより、陰陽に分かり、清く明らかなものは、陽にして上にあり、これを勝ちと名づく。重く濁れるものは、陰にして下にあり、これを負けと名づく。勝ち負けの道理は天地自然の理にして、これなすものは人なり。清く潔きところに、清浄の土を盛り、俵をもって形となすは、五穀成就の祭りごとなり……」と続きます。

この土俵祭の儀式の一つに「鎮め物の儀」というものがあります。土俵の中央に15センチ四方の穴があらかじめ開けられていて、この穴の中に土俵の安泰を祈願して縁起物を埋める儀式です。まず勝栗、洗米、茅の実を白磁の皿に盛り、もう一枚の皿には昆布、するめを載せます。祈りを捧げた後、これらを一つにまとめ、一方の皿でふたをし、奉書紙で包んでから水引をかけ、塩で清めてから土俵に開けた穴に安置し、御神酒《おみき》を注ぎます。

土俵祭に出席するのは相撲協会の理事長、審判部長以下審判委員全員、それに祭主の立行司と脇行司で、鎮め物は３人の行司の手で行われます。土俵に注がれた御神酒は向こう正面、西、正面、東の順に徳俵にかけられ、同じ御神酒が理事長以下審判部全員に献酒されます。

この儀式はおよそ２００年前から行われています。ちなみに、本場所の土俵は一日の取り組みが終了すると、水がまかれた後、シートがかけられ、乾燥しないようにメンテナンスが施されます。

力士がにらみ合う仕切り線を挟んだ土俵の真ん中の土の中に栗や昆布が埋め込まれ、15日間の熱戦はその上で演じられているのです。

【土俵に埋まっているもの】

これらを一つにまとめて奉書紙で包み、土俵の穴に埋め、御神酒を注ぎ、土でふたをします

土俵は単なる競技場ではない

土俵祭は、年6回の本場所の初日前日には必ず行われますが、各相撲部屋でも新築、あるいは改築されたとき、土俵の俵を新しい物に変えたとき、地方本場所の宿舎に土俵を作ったときなどには必ず行われます。式は本場所前日の土俵祭とほぼ同じで、祭主は部屋所属か一門の最年長の行司が執り行います。いずれの場合も、「鎮め物」の儀式は行われますから、土俵には、銭こそ埋まってはいませんが、縁起物はちゃんと埋まっているのです。

このように、土俵は力士が対戦する単なる競技場以上の意味が存在します。したがって、一見、土で固めて、俵を埋め込んだだけの単純な構造の土俵は、相撲競技の舞台であり、神が降りてくる場所でもあるので、細かな規定があります。日本相撲協会寄附行為施行細則附属規定[※1]の「土俵規定」で、きちんと大きさ、作り方、形、仕切り線、付属物の装飾などが11条にわたって明記されています。

たとえば第1条は、練習場としての土俵は、平面に小俵《こだわら》を直径4メートル55センチの円として埋めるが、公開の土俵は、34センチから60センチの高さで、一辺を6メー

※1 日本相撲協会寄附行為　財団法人日本相撲協会を運営するために制定された規則の名称。全46条で各項の具体的な運営方法については「寄附行為施行細則」、さらに各部署に関する規則や賞罰、資格などについては「寄附行為施行細則附属規定」に詳細が定められている。

※2 荒木田　旧荒川（現隅田川）流域の「荒木田ヶ原」で産出した粘土質の土。壁土に使われていたが、粘りがあって乾燥が早いので土俵の盛り土に適した。現在は千葉県我孫子市や茨城県つくば市周辺の土を使っている。

※3 たっつけ（裁着）袴　呼び出しが場所中に着用している袴の一種。

トル70センチとした台形の上に土を盛り、中に直径4メートル55センチの円を小俵をもって作る——です。第2条は、小俵は6分を土中に埋め、4分を地上に出す。土俵は荒木田※2をもってつき固め、四股を踏んでも足跡がつかない堅さにして、砂を入れる、と材質まで規定しています。

第4条は、円の小俵の外に25センチほどの幅をもって砂を敷き、踏み越し、踏み切り等を判明しやすくする。これを蛇の目という、となっています。

力士が制限時間まで仕切りを繰り返している間にたっつけ（裁着）※3袴姿の呼び出しが、しきりに土俵を箒で掃いていますが、これは掃除をしているわけではなく、蛇の目を掃きならしているのです。足が踏み越したかどうかの証拠になるのですから、ああ見えても、掃いているほうも自分の足型をつけないように細心の注意を払っているのです。

第5条は、円内と円外の境界線は俵の外線であると規定し、第6条では、四つの徳俵※4は円外にあるが、その外線をもって境とする、と例外を定めています。ところで、徳俵は俵の幅1俵分余分に外に出ているうえに他の16俵に比べて地上部がやや高くなっています。そのため、押された力士が少しだけ「トクをする」のでこのような名称がつけられたのですが、何も競技を面白くさせるために作ったわけではありません。かつて相撲興行が野外で行われていたとき、土俵の中に溜まった雨水を掻きだすため

膝から下を筒状に作って足にぴったりさせ、腰まわりにゆとりを持たせた活動しやすい衣服。

の排水口として設けられたのが、現在まで残っているだけのことです。

仕切り線の間隔も、第7条で、土俵中央に70センチの間隔をおいて、白線を2本引く、とし、土俵の付属物に関しても、土俵には水、紙、塩を備える（第8条）、土俵には屋根を吊るし、水引幕[※5]を張り、四方に正面東から順次各角に青、赤、白、黒の房を吊るす（第10条）となっています。

このように土俵はわれわれ一般人が考える以上に特殊な空間ですから、扱いには細心の注意が必要です。記者時代、「絶対に土俵に入るな。特に土足で入ったら、殺されるぞ」と先輩記者に脅かされたことには、このような理由があったのです。何も知らないテレビの撮影クルーが、悪気がないのに土俵にカメラを持ち込もうとして、取的にどやされたシーンを何回となく見ています。また、野球選手などがグラウンドに入るときと去るときに、帽子を取って深々と頭を下げる日本的な習慣も、「競技場には魂が宿っている」という相撲の文化からきているのかもしれません。

規定の最後の11条には、土俵が構築されると、土俵祭を行ってから競技を行う、と明記されています。神事が終わらなければ使用できないことが規定ではっきり謳われているのです。このあたりからも、相撲は単なる格闘技ではなく、日本古来の伝統・風俗が反映された、文化の一部であることがわかるのではないでしょうか。

※4　**徳俵**　土俵を形成する20俵の小俵のうち、東西南北各一つずつ（真ん中の俵）外側にずらされている俵。

※5　**水引幕**　土俵の上の吊り屋根の下部に四方を取り巻いて張られた紫色の幕。各辺の真ん中を「揚巻」（房のついた紐）で絞り上げている。

【これが土俵だ】

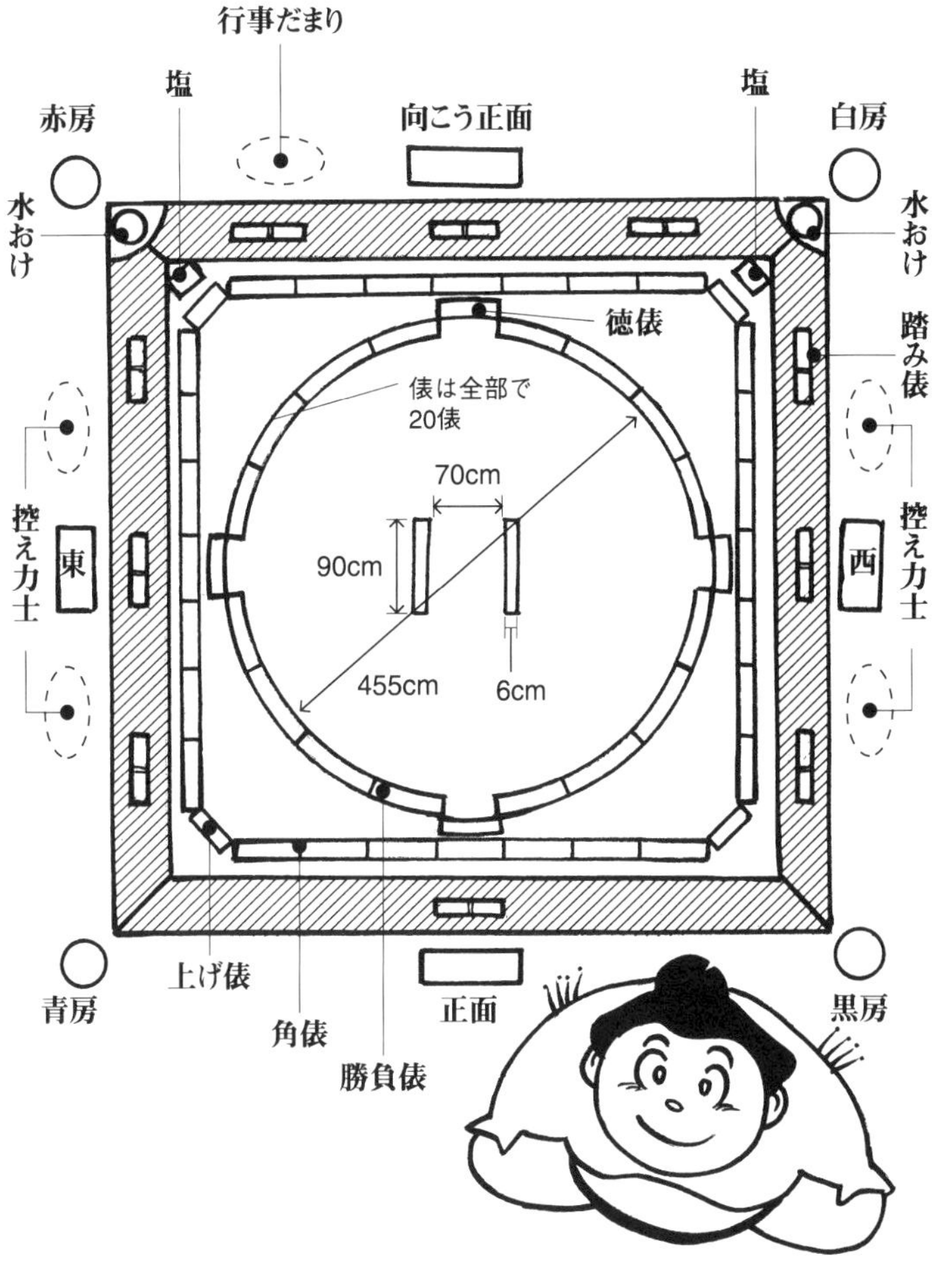
行事だまり
塩
塩
赤房
向こう正面
白房
水おけ
水おけ
徳俵
踏み俵
俵は全部で
20俵
70cm
90cm
455cm
6cm
控え力士
東
西
控え力士
上げ俵
青房
角俵
正面
黒房
勝負俵

四つの房は春夏秋冬

横浜の中華街にはいくつかの豪華に装飾を施された門があります。この門は単なる客寄せのために作られたのではなく、それなりの理屈が存在します。特に中華街の外周の東西南北に立っている四つの門の柱の色に注目してください。

みなとみらい線元町中華街駅の山下公園口の近くに立てられている門は朝陽《ちょうよう》門と呼ばれ、柱の色は青です。その正反対にある市立みなと総合高校の近くにある門は延《えん》平《ぴょう》門といい柱は白です。元町中華街駅近くの前田橋にある門は朱雀《すざく》門で柱は赤、その正反対の玄武《げんぶ》門は黒に塗られています。

さすがに中華街、この四つ色の起源は紀元前5世紀末から3世紀までの中国の戦国時代に出現した四神（しじん）信仰に由来しています。東西南北に位置する星の形を、それぞれ龍、虎、鳥、亀の形になぞらえ、この四つの動物が天地を司る守護神で、中華街も四つの守護神を町の四隅に祭ることで地域の平安を祈っているわけです。色もそれぞれで、龍は青（青龍）、鳥は赤（朱雀）、虎は白（白虎）、亀は黒（玄武）となっていています。

四神信仰と同じような中国の自然哲学の思想に五行《ごぎょう》思想があります。これは万物は木、火、土、金、水の5種類の元素から成り立っているという説で、それぞれ「木」は樹木の生長・発育を表す「春」の象徴、「火」は光輝く灼熱を表す「夏」の象徴、「金」は金属のように冷たく確実な物を表す「秋」の象徴、「水」は泉から湧き出る冷たい水を表す「冬」の象徴とされています。ちなみに「土」は発芽を表し、季節的には「変わり目」つまり「土用」を象徴しています。

　ついでに説明を加えますと、五行思想は万物を五つに分類するので、色は前述したように青、赤、白、黒。獣は龍、雀、虎、亀。情は同じ順序で、喜、楽、怒、哀。悪として風、熱、燥、寒とあらゆるものに及んでいます。ちなみに、「土」の色は黄で獣は黄龍（麒麟）、情は怨、悪は湿となっています。

　このような中国の価値観が早くから日本に輸入されたことは、高松塚古墳の壁画に四神が描かれていることからも明らかです。

　さて、話を相撲に戻します。何度も申し上げているように、土俵は単なる競技の場所ではありません。神が降りてくる神聖な場所ですから、それなりのしつらえが必要です。

　日本は豊葦原の瑞穂の国ということになっています。つまり、弥生時代から昭和30年代までは、稲作を中心とした農業が基盤産業でした。農業にとって重要なのは、照るときに照り、降るときに降る、順調な季節の移り変わりです。とすれば、日本人にとっての神は、豊作をもたらしてくれる穏やかな自然。逆に豊作を邪魔する天変地異が穢れ、悪であることは何度も説明してきました。

　中国から輸入された四神信仰、五行思想は、日本の稲作農業と結びつき、青、赤、白、黒は四季の象徴になりました。四季に囲まれた土俵には五穀豊穣の願いが込められ、事前に水や御神酒で清められ、自然の災害をもたらす穢れは、土の中に存在する邪気を力士が四股を踏んで鎮め、その力士の中で最も強い者が神に近づこうと注連縄をつけて土俵入りを行うのです。

　現在の国技館では屋形と呼ばれる屋根はロープで天井から吊り下げられ、屋形の四隅に青、赤、白、黒の四つの房が下がっています。サイズは長さ2・1メートル、太さ66センチ、重さは17・8キロ。昭和27年までは土俵の四隅に柱が立てられ、その上に屋形が乗り、四隅の柱に、青、赤、白、黒の色のついた絹の布が巻かれ、御幣[※1]が添えられていました。すでに文久2年（1862）の春場所を描いた錦絵に青、赤、白、黒と色分けされた柱がはっきりと描かれています。

　柱を撤廃して房に代行するようになったのは、観客が見やすいようにという相撲協会の配慮からです。翌年の昭和28年夏場所からはテレビ中継がスタートし、今では柱があるほうが違和感を覚えるほどです。中国から日本に伝わり、日本なりの解釈で土

※1　**御幣**　神祭用具の一つ。白または金銀の紙などを細長く切り、幣串に挟んだもの。お祓いのときなどに用いる。

※2　**神明造り**　神社本殿形式の一つ。切妻造り・平入りで屋根には反りがない。大相撲本場所の屋形は昭和6年以降この形式。

※3　**千木**　社殿の屋上、破風（はふ）の先端が棟上に伸びて交差した木。

※4　**鰹木**　神社本殿などの棟木（むなぎ）の上に直角に並べられた装飾の木。円柱形の形が鰹節に似ていることが語源。

※5　**揚巻**　屋形に張られた紫色の水引幕を中央部分で絞り揚げている房のついた紐。

俵を守ってきた四神を、房という粋な形で残したのはグッド・アイデアです。

　房のついでにその上の屋形の説明もしておきましょう。神社の屋根のような屋形は、神明《しんめい》造り[※2]と呼ばれていて屋根の上に交差して突き出た千木《ちぎ》[※3]と屋根の棟木《むなぎ》に対して直角に並べられた鰹木《かつおぎ》[※4]が特徴です。重さは６トン。アルミの骨組みにケヤキの板を貼り付けていて、本体は５・４トンなのですが、屋形の中に直径15センチのテレビ用照明が１００個以上びっしりとつけられています。この屋形をたった２本のロープで支えているので、担当記者をしていた頃は、ひょっとしてロープが切れたらと思い、取材をしたことがあります。結果はロープ１本で30トンの重さに耐えられるということでした。

　屋形の下には紫色で日本相撲協会の桜の紋章が染め抜かれた水引幕が張り巡らされています。これは寛延年間（１７４８〜50）からと伝えられていています。水引幕には張り方のルールがあり、黒房の位置から張り始め、青房、赤房、白房の順に張り、最後に黒房に戻ります。そして四つの面に二つずつ染め抜かれた紋章のまん中を揚巻[※5]で絞り上げます。

　揚巻の色も正面黒、東が青、向こう正面赤、西が白と決められています。相撲の舞台装置にはそれなりの深い意味があるのです。

相撲の「華」は幕内土俵入り

　時間にして午後4時ごろ、十両※1の取り組みが終了すると、すぐに幕内の土俵入りが始まります。幕内土俵入りは、呼び出しが打ち鳴らす柝《き》※2から始まります。「チョン」という乾いた柝の音を合図に幕内、あるいは三役格の行司の先導で、化粧まわしをつけた幕内力士が下位の力士から順に土俵に上がります。このとき、場内放送で、力士の四股名、出身地、所属部屋がアナウンスされます。「高見盛、青森県南津軽郡板柳町出身、東関部屋」といった具合です。

　順序は、奇数日は東方から、偶数日は西方からと決まっています。花道を進んできた力士は二字口から土俵に上がり、土俵の外側を左回りにゆっくり進み、観客席に向かって立ちます。そして最後の力士、通常大関が土俵に上がり「しーっ」※3と声をかけると、全員が中央に向き直って、決められた所作をはじめます。

　私が初めてこの所作をテレビで見たのは小学生のときでした。一見して当時盛んにテレビで放映されていた西部劇のインディアンを連想してしまいました。まず、拍手《かしわで》をポンと一回打って、右手をハーイといった感じで軽く上げます。次に化粧まわしを

※1　十両　正式な呼称は十枚目。「十両」は俗称で、明治時代に幕下の上位十枚目以内の力士に給金10両を与えたことに由来する。

※2　柝　呼び出しが進行の折々に打つ拍子木。材質は桜。柝をたたいて合図をすることを「柝が入る」「柝を入れる」という。

※3　しーっ　警蹕（けいひつ）という。蹕は道行く人を止める意味がある。「静粛に」の意思表示で、横綱の土俵入りでは先導の行司が軍配の房を回しながら発する。

両手で軽く持ち上げます。最後に両手を軽く万歳をするように上げ終了です。「インディアン嘘つかない、このとおり武器持っていない、お前たち白人に忠誠誓う」というシーンを真っ先に思い浮かべ、早速風呂敷を腰に巻きつけ、まねごとをしたものでした。

時間が午後4時頃と中途半端なので、テレビでも本場所での観戦でも見る機会がなかなかないのですが、幕内土俵入りは、大相撲ならではの様式美をゆっくり堪能できる絶好のシーンです。第一、関取の象徴である化粧まわしはこの土俵入りのためだけの装束なのですから。

まず、この時間に合わせて、屋形内部のテレビ中継用照明が点され、場内がぱっと明るくなります、その瞬間、決まって場内から「ウォー」と驚きの声が沸き起こります。

場内放送で力士名が呼び上げられるたびに観客から拍手が沸き起こりますが、これが決して番付順でないのが面白い点で、人気と強さは必ずしも一致しないことがわかります。記者時代、この幕内土俵入りの拍手と歓声の多さで、どの力士を記事として取り上げたら新聞が売れるかの基準の一つにしていたくらいです。

テレビCMなどで露出の多い力士、外国人、その場所好調な力士、ビジュアル的にかっこいい力士、相撲内容に個性がある力士、突っ張りなど派手な取り口の力士、それに地方での本場所では地元出身力士が平幕でも拍手を多く受けています。今でしたら、高見盛※4、把瑠都あたり、九州場所での魁皇※5。一昔前でしたら番付に関係なく拍手が多かったのは寺尾、私の記者時代は高見山、琴風※6あたりでした。

力士の化粧まわしの色は赤、紫、白、紺となかなか絢爛豪華です。布地は繻子《しゅす》という光沢のある絹織物、前垂れと体に締める部分は1枚の布地でできています。重さは10～15キロ、長さは5～7メートルで、六つ折りにして三重に巻き付けます。ちなみの取り組みの時に締めるまわしの下は何もつけない規則になっていますが、化粧まわしの下には六尺と呼ばれる綿のさらしでできた褌をつけています。

前垂れの部分は金や銀の糸を使った華やかな刺繍で表を飾ります。相撲博物館※7には第19代横綱・常陸山《ひたちやま》※8が締めていたダイヤモンドが埋め込まれた化粧まわしが保存されています。

ただし制約もあります。前垂れの一番下は「馬簾《ばれん》」という房がつけられていますが、関脇以下は紫色が使えません。紫は高貴な色とされていて、横綱・大関のみが使用を許可されています。

人並み外れた体格の、それも鍛え上げられた肉体のちょんまげ姿の裸の男たちが20人近く勢揃い。まとっているものは派手な色の化粧まわしのみ。壮観な土俵入りは、大げさに言えば日本の美が凝縮されているといってもいいほどです。

※4　高見盛精彦　昭和51年5月12日、青森県北津軽郡板柳町生まれ。東関部屋。日本大学卒。

※5　魁皇博之　昭和47年7月24日、福岡県直方市生まれ。友綱部屋。

※6　琴風豪規　現年寄尾車。昭和32年4月26日、三重県津市生まれ。56年九州場所新大関。60年11月引退。184cm、173kg。

※7　相撲博物館　昭和29年9月の蔵前国技館開館と同時に併設された、相撲関係の資料を集めた博物館。現在は両国国技館に併設。

※8　常陸山谷右エ門　第19代横綱。明治7年1月19日、茨城県水戸市生まれ。明治37年初場所新横綱。大正3年5月引退。174cm、146kg。引退後は年寄出羽ノ海襲名。

【豪華絢爛な幕内土俵入り】

土俵入りの前に館内の照明がパッと明るくなります
化粧まわしは前垂れと一体の帯状の布。重さは10kg以上、長さは６ｍ余り
土俵を両足でまたぎ、ゆっくり堂々と歩きます
この部分が馬簾《ばれん》。相撲甚句の歌詞に「繻子《しゅす》の締め込み馬簾付き……」の一節があります

土俵入りのしぐさの深い意味

土俵入りははるか平安時代から行われていたといわれていますが、現在のように出場力士の顔見世的要素が反映されるのは江戸時代中期以降で、芭蕉の弟子の服部嵐雪という俳人の「相撲取りならぶや秋の唐錦《からにしき》」という句が残っています。錦絵を見る限り、江戸時代の化粧まわしは現在のようにさまざまなデザインが施されたものではなく、四股名が書かれたものでしたが、それでも、大男が一同に集まる土俵入りは、秋の紅葉に匹敵するほど豪華絢爛で壮観だったことが偲ばれます。

確かに江戸勧進相撲の流れを踏襲している現在の大相撲の幕内土俵入りは、競技に出場する選手を試合開始前に見せる、たとえていうならば競馬のパドックのような観客サービスの面が否定できません。

しかし、土俵入りの本来の目的は、相撲という競技の根本の説明なのです。「これから皆様にお見せする相撲という競技は、このようなルールで、このような基本の型があるのです」というわけです。インディアンのあいさつのように感じられた、ものの10秒足らずの動作には、けっこう深い意味が込められているのです。

※1　**三段構え**　古式にのっとって番付最高位の東西の力士2名で演じられる土俵上での儀式。相撲の基本体である上段・中段・下段の三種類の構えのこと。

※2　**両国国技館**　これまでに二つの国技館が建てられている。昭和60年に開館して現在に至っている現国技館と、明治42年に回向院の境内に建てられた、初めての相撲常設館。「国技館」の名称はそのときにつけられた。現国技館は財団法人日本相撲協会が建設、運営管理を行っている。客席数は1万1098人。

江戸時代の幕内土俵入りは、現在の横綱土俵入りのように、きちんと四股も踏んでいました。一般的に儀式は世の中が進むにつれ常に簡略化されていきますが、幕内土俵入りも人数が増えるに従って、土俵の上で四股を踏むことができなくなり、現在のように変化していきました。しかし、いくら簡略化されても、根本的な考え方は変わっていません。

まず、拍手を打って右手を上げるしぐさ。これは塵浄水の簡略化です。拍手は神への感謝、清めの儀式です。その後、右手を上げ武器を持っていないことを明らかにし、正々堂々と素手で戦うことを示します。したがって上げた手は、「私は何も隠し持っていません」と、きちんと手のひらを見せなければなりません。

化粧まわしをつまみ上げる仕草は三段構え[※1]の簡略化です。三段構えは相撲の基本型として伝わっている三つの構えを、古式にのっとって土俵上で行う儀式で、通常、そのときの番付最高位の力士二名によって演じられます。いつでも見られる儀式ではなく、昭和60年の両国国技館[※1]の落成式では当時の横綱、千代の富士と北の湖が演じました。

三段構えとは、自然体である「上段の構え」、攻撃の体型の「中段の構え」、防御の体型の「下段の構え」の三つの型で構成されています。より詳しく説明すると、上段は何があってもびくともしない不動の型で自然体を意味し、中段は中腰で相手に挑みかかる攻撃を、下段は腰を落としての相手の攻撃を跳ね返す防御をそれぞれ表現しています。

いずれの型を演じるにも両脚を開き腰を落として中腰にならなければなりません。化粧まわしをつまみ上げる所作は「これから両脚を開いて構えますよ」という動作を表現しているのです。

最後に両手を上げるのは、四股を意味しています。土俵に上がった力士が最初の四股を踏むとき、手を大きく横に上げるしぐさを簡略化したといわれています。

幕内土俵入りの仕草はたかだか10秒足らずですが、この一瞬の間に相撲道の理念が凝縮されているのです。間違ってもインディアンのあいさつなどといった軽々しいものでは決してありません。

土俵入りは長い間、力士が土俵に上がっても現在のように観客席の方を向かず、客席に尻を向けていました。それを「顔見世」という観客サービスを考え、外に向かせるように変えたのは昭和28年からです。

さて、幕内土俵入りは常に土俵の円に沿って行われるとは限りません。特別な土俵入りが存在するのです。それは天皇及び皇太子が観戦するときで、「御前掛《ごぜんがか》り土俵入り」と呼ばれています。

形式は、まず柝が入り、力士が花道に一列に並び、正面二階席最前列の貴賓席に向かって深々と一礼します。再び柝が入り、一人ずつ土俵に上がり、正面を向いて一列5人の4列に並びます。最後の大関が土俵に上がると、全員そろって右足で2回、左足で1回四股を踏み、そのままの位置で蹲踞します。

次に、館内放送で番付の下位から、力士名、出身地、所属部屋がアナウンスされると、力士は立ち上がり、正面の貴賓席に向かって一礼して順番に土俵を下りていき、最後に大関一人が残り一礼をして終了します。

別名「御前掛り」あるいは「天覧相撲土俵入り」といわれ、高貴な人に尻を向けないようにとの配慮から、このような形式になったといわれています。

相撲好きだった昭和天皇がこの土俵入りを貴賓席から身を乗り出すようにご覧になって、力士一人ひとりに大きな拍手を送っていたシーンが印象に残っています。

最近では相撲好きの愛子さまと皇太子ご夫妻がよく国技館に来られるようなので、「御前掛り土俵入り」が見られるかもしれません。ただし、警備の都合上、皇族の観戦は事前には明らかにされませんので、もし生で見られれば幸運というほかありません。

相撲と初詣の共通性とは？

パソコン、携帯世代の若者も、日本人である限りたいていの人は正月に初詣に出かけます。1月1日は現在の太陽暦では季節的に冬の真っただ中ですが、旧暦[※1]では、その年によって多少の変化はあるものの、2月の初旬から中旬、ちょうど梅のつぼみがほころぶ頃が正月でした。その証拠に、年賀状には今でも「新春」や「賀春」の文字が残っています。

では、なぜ正月を祝うのかというと、春は農業にとってのスタートの時期だからです。日本は弥生時代の昔から稲作を基盤とした農業国でした。気温が上昇して山の雪が解け、川の水かさが増し、その水を田んぼに引き込みます。初夏になると、苗代で育った稲の田植えが始まります。6月から7月にかけての梅雨で十分に生育した稲は、夏の暑さでしっかりと実をつけます。そして秋の刈り入れです。

このような1年のサイクルが穏やかに回転することこそ、農業にとっては何よりも重要です。そのために、平野で農業を営む日本人は、豊かな水をもたらしてくれる緑に覆われた山の彼方には神がいると信じ、その神様が人間の協力者になるようにと、

※1 旧暦　明治維新以前に日本で使用されていた太陰太陽暦の通称。

※2 歳旦祭　元旦に宮中で行われる祭祀。五穀豊穣、皇室の繁栄、国民の福祉などを皇祖や神に祈る儀式。

※3 シャーマニズム　シャーマン（巫女・巫師）を媒介とした霊的な存在との交信を中心とする宗教様式。中国・韓国・日本では巫術（ふじゅつ）・巫俗（ふぞく）の名で知られる。

さまざまな祭りを行って、現在に至っています。年賀状に「今年もよい年でありますように」と書くのは、豊作を神様にお願いするためです。

もともと神様は山の彼方にいるので、こちらから出かけていくのではなく、人の住む里に降りてきていただくために、家の中でいちばん上等な場所にお供えなどを置き、神様をもてなしたのですが、後世になって仏教の寺参りの影響から、人間の方から神様の方に出向いていく現在の初詣のような習慣が定着しました。しかし、元来は一年の初めの春に山から神を迎える儀式が正月で、宮中では今でも歳旦祭《さいたんさい》※2という儀式を行っています。

初詣につきものなのがおみくじです。おみくじは漢字で書くと「神鬮」です。鬮は旧字の門構えに同じく旧字の亀と書く難しい漢字です。なぜ亀なのかというと、日本史の教科書にも出てきますが、シャーマニズム※3で物事を決めていた卑弥呼の時代、中国から伝わったとされる亀の甲羅を火にくべ、その割れ方で吉凶を占った亀卜《きぼく》という儀式からきています。

割れ方は神のお告げです。現代のおみくじも吉を引き当てたときはなんとなく今年一年がいい年になりそうな感じがするものですが、昔の人にとっては作物の出来がかかっていますから、生きるか死ぬかの問題だったのです。

吉凶を占う方法はそのほか、竹筒に入れた米を釜で煮てその量の多少で判断する粥占いや、釜に入れた湯が沸騰するときの音の大小で判断する釜占いなどが、現在でも一部に残っていますが、要は吉凶、白黒は、人間の力が及ばない未来に対しての神の回答なのです。

というわけで、日本の祭りは、良いか悪いかを決める場でもあり、そのためにかつては祭りには競馬《くらべうま》、綱引き、相撲といった勝負事がつきものでした。今でもお祭りが行われる神社の境内に出される露店に、射的、スマートボール、金魚すくいなどの勝負事が目につくのもその影響という説があります。

このように相撲と神社は切っても切れない密接な関係があるのです。国技館の屋形は神社の本殿と同じ神明造り、横綱は御幣を下げ、各相撲部屋のけいこ場には神棚が設置されています。

そして、東京の靖国神社、明治神宮、三重県の伊勢神宮では、毎年必ず相撲大会が開かれています。

靖国神社奉納相撲大会は毎年4月の靖国神社例大祭に横綱の土俵入りを奉納した後、本殿の奥にある同神社の土俵で奉納大相撲が開催されます。明治神宮奉納相撲は毎年9月下旬から10月上旬の間に「明治神宮例祭奉祝奉納全日本力士選士権大会」として、明治神宮に土俵入りを奉納した後、国技館で開催されます。

名称が「選手権」ではなく「選士権」となっているのは、参加するのが「力士」だからです。第1回大会は大正14年（1925）、明治神宮相撲場で開催され、昭和33年（1958）の第18回大会から、国技館で行われるようになり、現在に至っています。

2007年の初詣参拝客全国1位（311万人）の明治神宮は、毎年初場所前に本殿の前で横綱の土俵入りが奉納されますし、新横綱に昇進した力士の最初の土俵入りもこの神前で行われます。

3月の春場所終了後の春巡業のスタートは伊勢神宮が恒例になっています。正式名称は「伊勢神宮奉納選士権大会」です。

このように、神社、初詣、祭り、おみくじ、農業など日本を象徴するキーワードはすべて相撲と関係しているのです。

ちなみに、神社が主催する祭りの参加者はたいていが男で、それも褌一本の裸です。これは揉み合って衣服が破れるからではなく、神事に参加する者は穢れを払い落とす禊《みそぎ》をしなければいけないからで、力士のユニフォームが締め込み一本なのも同様の理由からです。

相撲記者時代、よく聞かれた質問のうちの一つに「お相撲さんのまわしの下はどうなっているの」がありました。もちろん以上の理由から何もつけていません。日本相撲協会寄附行為施行細則附属規定の「力士（競技者）規定」第2条にはこう明記されています。理由なくして締め込みの下に下帯を使用することができない――。

力士はなぜまげを結うのか

よく考えてみると、現代日本で普段からちょんまげを結っている人種は力士しかいません。江戸時代以前から続いている伝統的な社会、たとえば歌舞伎や能、狂言の世界も、髪型は一般社会と同じです。

明治維新の新政府は、西欧諸国に一日でも早く追いつこうと、封建時代の風習を否定する価値観を一気に蔓延させました。剣術や柔術は文明開化を目指す日本にとっては野蛮な文化。とくに相撲は「大男の裸踊り」とさげすむ政府高官さえいました。このような流れの一環として明治4年（１８７１）には断髪廃刀令が実施されました。

当時の社会はまだ江戸時代の風俗・慣習が色濃く残っていたので、一般庶民にとって断髪は非常に抵抗がありました。もちろん相撲界も同じです。「まげを残してほしい」という声が角界の中から沸き起こり、当時の政府高官、具体的には伊藤博文[※1]や板垣退助[※2]らが「相撲は特別」として認めたのです。理由は、彼らは子供の頃から根っからの相撲好きだったからです。

このとき力士がもし断髪していたら、その後の大相撲の隆盛はなかったのではない

※1 伊藤博文 １８４１〜１９０９年。明治の政治家。周防出身。内閣総理大臣、枢密院議長、貴族院議長を歴任。１９０５年韓国統監府統監になったが、朝鮮の民族運動家・安重根に暗殺された。

※2 板垣退助 １８３７〜１９１９年。明治の政治家。土佐出身。自由民権運動の指導者。自由党総理。

※3 月代 中世以降に見られる成人男子の髪型。前頭部から頭頂にかけて髪を剃り上げたこと、またはその部分。戦国時代、兜をかぶったとき蒸れて気が逆上することを防ぐために剃られたとされる。

※4 白露山 昭和57年2月6日、ロシア連邦北オセチア・アラニア共和

でしょうか。力士にとってまげはアイデンティティの象徴です。私も記者として取材していた昭和55年秋場所、大関貴ノ花が高見山との投げの打ち合いで、まげが先に土俵についたとして負けにされたことがありました。そのとき「まげがなければ勝っていたのに」と言った記者に、貴ノ花は「まげがなかったら相撲は取れないよ」とボソッと答えました。この一言からも力士自身の中に「まげは力士の象徴」という誇りにも似た意識があることがうかがえます。

江戸時代の錦絵を見ると力士のまげはさまざまで、雷電は月代《さかやき》※3がありました。現在は、結果的に月代ができてしまった白露山※4のような力士はいるものの、全員が頭頂部を剃らない大銀杏《おおいちょう》という髪型になっています。大銀杏の名称はまげの先端（はけ先）が銀杏の葉に似ていることに由来していますが、このような形に統一されたのは比較的最近で、明治時代はまだまげの先端は今ほど開いてはいませんでした。

まげは力士の象徴ですからさまざまな制約があります。まず、大銀杏が結えるのはいわゆる十両以上の関取だけです。幕下以下はちょんまげのまま土俵にあがります。ただし、幕下上位の力士が十両と対戦するときは、関取に敬意を表して大銀杏を結います。弓取式※5や初っ切り※6をつとめる力士も大銀杏です。関取は本場所の取り組み以外の日常生活はちょんまげですが、公式の場に出るときは大銀杏です。

本場所開催中は場所入り※7前に部屋で大銀杏に結い上げ、取り組み終了後にちょんま

国生まれ。北の湖部屋。

※5 **弓取式**　結びの一番終了後に、決められた力士が所定の所作で弓を振る儀式。勝ち力士に代わって行うので、弓を落としても手では取らず、足で跳ね上げ手で受け取る。昭和27年9月場所から現在のように毎日行われるようになった。

※6 **初っ切り**　巡業や花相撲で演じられる滑稽な動きで観客を笑わせる余興の一つ。幕下以下の力士が演じる。

※7 **場所入り**　力士が部屋（宿舎）から国技館に入場すること。大関以上は車での場所入りが許されている。通常土俵入りに備えるため、大銀杏を結った姿で場所入りする。

げに結い直します。結い直している1、2分の間が私たち相撲担当記者の取材に当てられた時間でした。髪を大銀杏に結い上げるのは各部屋に所属している床山[※8]といわれる専門職で、相撲協会全体で定員50名以内と定められています。床山が短時間で大銀杏を結い上げる技術を取得するには10年かかるといわれています。このすばやいテクニックは巡業や花相撲[※9]で、髪結いの実演として披露されるのでじっくり観察してみてはいかがでしょうか。

かつては坊主頭の中学生が入門して、初めてちょんまげを結えるまで、半年ほどかかりました。晴れてちょんまげを結えた力士にはこんぱちという手荒い儀式が待っています。額の真ん中を先輩力士が人差し指か中指を親指で押さえ、パチンと弾くわけで、弾かれた力士は大きな声で「ごっつぁんです」と応えます。そして祝儀がプレゼントされます。

力士にとってのまげにはぶつかり合いの衝撃を緩和するクッションの役割もあります。結い上げるとき、もとどり（髻）をきゅっと縛ることで体がピンとなるともいわれています。力士が現役を引退するときに行われる断髪式[※10]では、最後に師匠がはさみを入れてもとどりを切ります。もうこれで勝負に命をかける力士ではなくなったということの象徴で、どの力士も例外なくこのとき涙を流します。

※8　床山　力士の髪を結う専門職。一般の理容・美容師とは異なるので免許は不要。

※9　花相撲　本場所が開かれていないときに行われる勝ち負けが番付の昇降にかかわらない相撲興行。具体的には引退相撲、追善相撲、福祉や慈善目的の寄付相撲、トーナメント方式の大会など。

※10　断髪式　現役を引退した力士がまげを切る儀式。国技館の土俵上で行われる断髪式では引退する力士が大銀杏に紋付・袴の正装で土俵中央の椅子に座り、後援者、友人など３００人近くがまげにはさみを入れ、最後に師匠が止めばさみを入れて大たぶさを切り落とす。

【まげは力士の魂】

ここの形がイチョウの葉に似ている
大銀杏が結えるのは十枚目以上
もとどり
ここを結ぶ細いヒモが元結《もとゆい》
髪の多い力士はまげのすわりをよくするために、河童のような「中剃り」を入れる
たぼ
御祝のこんぱちだ!
このやろ~
う~~
ごっちゃんです!!
祝

初めてちょんまげを結えた日には兄弟子から手荒いプレゼント“こんぱち”がもらえます

各種の記録その1
優勝回数、横綱勝率ほか

まずは優勝関係。最多優勝回数は①大鵬32回。続いて②千代の富士31回、③北の湖24回の順。全勝優勝は①大鵬８回、②北の湖７、同じく千代の富士７。連続優勝は①朝青龍の８回がトップ。以下②大鵬６回、③北の湖、千代の富士の５回。

いずれもベスト３は横綱だが、横綱の中で特筆ものが、横綱連続出場６５３回の①北の湖。横綱昇進から７年間、43場所、１日も休まなかったことになる。②初代若乃花が２４６、③大鵬が２４４なので、ダントツの１位。その間の成績は５４６勝99敗。勝率８割４分７厘。優勝は19回。派手さはないものの、決して休まず、その間横綱にふさわしい成績を収め続けた功績には最大級の賞賛が贈られていいはずだ。

逆に休場の多い横綱ベスト（ワースト）３は①貴乃花２０８、②曙１７０、③柏戸１４７回。

負けない横綱を在位中の勝率で見てみると、①双葉山88・２％、②玉の海86・７％、③大鵬85・８％。現役で亡くなった玉の海は別として、やはり大鵬と双葉山は強かったのである。

逆に横綱勝率ワースト３は①前田山47・１％、②武蔵山50・８％、③栃ノ海59・６％。とくに武蔵山は在位８場所中、たった１場所しか皆勤していない。

平幕が横綱に土をつける金星では、獲得の多さは①現年寄千田川の安芸ノ島で16、②高見山12、③土佐ノ海、栃ノ洋の11。配給王の横綱は、出場回数８１８回と一番多い北の湖で53。以下②輪島、貴乃花が39。面白いところでは、平成13年秋場所、横綱・武蔵丸がこの場所だけで大盤振る舞いの５個の金星を配給している。

第四章◇相撲と江戸文化

地位の呼称の「なるほど」

記者時代、力士にこれまでいちばんうれしかったのは、と質問すると、判で押したように「新十両に昇進したとき」という答えが返ってきました。大鵬も北の湖も千代の富士も横綱昇進でもなければ、初優勝でもなく、十両昇進なのです。「要するに、これまで人の足をふいていたのが一夜にして人に足をふかせる立場になるんだよ」と、親しかった蔵間[※1]が端的に表現していましたが、力士の身分は十枚目以上の関取[※2]と幕下以下の取的とでは、制度の上でも、慣習の上でも徹底的に差別されています。

関取にだけ許されているのは、まず身の回り関係では、大銀杏のまげ、繻子《しゅす》のまわし、付き人、塩まき、明け荷[※3]の使用、化粧まわし、羽織袴。待遇面では、部屋での個室貸与、○○関という呼ばれ方、公式行事への参加。給料面では毎月の月給、年6回の褒賞金[※4]などです。そもそも、幕下以下は一般的に取的と呼ばれていますが、正式名称は力士養成員です。相撲協会には所属していますが、公式には正規のメンバーとは認められていません。

力士には序ノ口から横綱まで地位があります。いちばん低い位は序ノ口[※5]です。語源

※1　蔵間　昭和27年12月16日、滋賀県野州市生まれ。最高位関脇。188cm、136kg。引退後年寄鏺山を襲名したが、のちに廃業しタレントに転身。平成7年、42歳で没。

※2　関取　十枚目以上の力士に対して用いられる敬称。地位としては明文化されていないが、伝統的に使用されている。

※3　明け荷　締め込み（まわし）や化粧まわしなど、力士が相撲に必要な身の回りのものを入れた竹製の行李。縦45cm、横80cm、深さ30cmほどで、竹の上に渋を塗った和紙を張り、漆を塗って固めてある。色は緑で、横に朱色で四股名が明記されている。十両以上の力士に1人1個が原則だが、

は一般用語の「はじめ」の意味です。次が序二段[※6]です。番付表の下から2段目に記載されていることが語源です。次が三段目[※7]です。番付表の上からも下からも数えて3段目に記載されています。

そして幕下[※8]。正式には幕下二段目といわれています。番付表最上段に記載されている幕内の下で、上から2段目にいるので、幕下の二段目。その二段目が省略されて幕下と呼ばれるようになりました。

番付の上から2段目の右側には少し大きな字で書かれている一団がいます。これが十両です。幕末から明治初期まで、幕下上位十枚目までの力士に「十両」の給金を与えて関取と同等の待遇を与えていたことが、十両の語源ではないかといわれていていますが、正式な呼称は十枚目です。

なぜ、十枚目かというと「幕下二段目の上位十枚目までの力士」だからです。番付表で2段目に記載されているのはそのためです。したがって江戸時代には番付上での十両の地位は存在しませんでした。明治21年初場所に初めてやや太い字で書かれるようになり、その他の幕下力士と区別されるようになりました。

番付の最上段は幕内[※9]です。テレビなどでは「幕内」と言っていますが、力士や親方など業界内部では「幕の内」と「の」を入れています。はっきりした文献はありませんが、上覧相撲のとき、上位の力士は幕を張った中に控えていたからといわれていま

横綱は土俵入り用の三つ揃い化粧まわしを使用するため3個の明け荷を持っている。

※4 褒賞金　正式名称は「力士褒賞金」。相撲協会が十枚目以上の力士に本場所ごとに支給する、月給とは別個の給料。第6章で詳説。

※5 序ノ口　番付に記載される最下位の力士の地位。人数の定員はないが、おおよそ東西50名ずつ100名ほど。

※6 序二段　三段目に次ぐ力士の地位。定員はないが、おおよそ東西160名ずつ320名ほど。

※7 三段目　幕下二段目に次ぐ力士の地位。定員は東西100名ずつ200名。雪駄を履くことが許される。

※8 幕下　正式名称は

す。

　ちなみに幕内と同じような意味で小結未満の幕内力士を前頭と総称しています。語源は「前相撲[※10]の頭」の省略形です。番付表では小結の次から十枚目まで、力士名の頭に一人ひとり「前頭」の文字が打たれています。その後は序ノ口まで大きく「同」と書かれています。つまり、理論的には番付に出てくる力士はことごとく「前相撲の頭」なわけで、その名残りが番付の「同」の字に残っているわけです。

　小結以上は三役です。小結、関脇、大関、横綱と地位は四つなのになぜ三役なのかと、子供の頃単純な疑問を抱いていたのですが、横綱はもともと番付上の地位ではありませんでした。横綱が番付上の最高位になったのは明治42年（１９０９）からと比較的最近です。したがって小結、関脇、大関で三役なのです。

　これも相撲担当記者になる前までは、講談や落語で強い力士を形容するのに「江戸で大関を張った」と出てきたとき、いちばん強いのは横綱じゃないの、と疑問を感じていたのですが、当時は大関が番付上の最高位だったのです。

　語源については、大関は関取の最高だから大関、関脇は次席の意味である脇、小結はよくわからない、というのが通説になっています。「関」については宝暦13年（１７６３）に書かれた「古今相撲大全」という書物に「角人の貫主《かんじゅ》たるものを関と称す」とあるので、江戸時代に発生した言葉といわれています。

「幕下二段目」。定員は東西60名ずつ１２０名。

※9　幕内　番付最上段に記載される横綱以下幕尻までの力士の地位の総称。現在は定員40名。略して「幕」ともいう。

※10　前相撲　新弟子検査に合格した後の力士など、序ノ口未満に位置し、四股名が番付に記載されない力士の地位。

現在の大相撲の興行形態や仕組みの大枠が完成したのは、江戸時代の中期から後期にかけてです。現存する江戸相撲最古の番付は宝暦7年（１７５７）10月のもので、13年後の明和7年（１７７０）には、現在と同じ5段の番付が定着し、地位の名称は現在と同じ大関、関脇、小結、前頭でした。

現在の番付表の真ん中には大きな文字で「蒙御免《ごめんこうむる》」と書かれています。当時の相撲興行は、勧進相撲といって、建前上相撲興行の収益を神社仏閣の建立や修繕に充てる目的で開かれました。そのためには、今でいう監督官庁である寺社奉行の許可が必要でした。「蒙御免」は寺社奉行の許可を受けました、という証明なのです。

今でも本場所開催の約1か月前の酉か午の日に、相撲協会では報道関係者を招いて日程などの発表を兼ねた食事会（多くの場合鳥のちゃんこ）を開催し、これを「御免《ごめん》祝《いわい》」と称しています。江戸時代に寺社奉行から興行の許可申請が下りたときに、関係者を集めてお祝いをしたことの名残です。酉か午は「取り込む」「人気が跳ねる」のしゃれ、食事が鳥のちゃんこなのも同様です。

このように相撲界には、江戸時代の言葉や慣習が今でも色濃く残っているのです。

相撲部屋は擬似家族集団

初めて相撲部屋を取材したときの印象は今でもはっきり記憶に残っています。両国駅から歩いて15分ほど、墨田区千歳にあった三保ケ関部屋でした。昭和49年の夏場所前で、お目当ては横綱昇進が確実視されていた北の湖でした。まず、ぷーんと漂うバニラのような甘い鬢付け油の匂いに、ここは一般社会とまったく違うところだな、と実感しました。

しかし、部屋の構えは予想に反して一般の住宅と同じ、しもたや風です。「三保ケ関部屋」と書かれた看板が打ちつけてある玄関の引き戸を開けると、左手に土俵、靴を脱いで上がると鈎の字型に上がり座敷が配されていました。土俵の中では、北の湖をはじめとする関取たちが荒い息遣いでけいこの真っ最中。上がり座敷には師匠の三保ケ関親方が二枚の座布団の上一枚を半分に折った上に腰を乗せ、胡坐《あぐら》をかいていました。部屋の中はまったく私語がありません。他のスポーツの練習場とはまるで違うピーンと張り詰めた空気が支配していました。

もともと相撲部屋は、江戸時代の宝暦年間（１７５１〜64）に形ができました。今

※1　財団法人日本相撲協会　相撲協会の正式名称。沿革は江戸時代からの「相撲会所」が明治22年（１８８９）1月「東京大角力協会」になり、大正14年（１９２５）12月に文部省より財団法人の認可を受けて「財団法人大日本相撲協会」が誕生。東京、大阪両相撲協会の合併を経て、昭和33年（１９５８）1月から「大」の字が削除され「財団法人日本相撲協会」に改称されて現在に至っている。

※2　相撲会所　「会所」ともいう。江戸時代に発生した、勧進相撲の興行を運営した組織の名称。

※3　年寄　現役を引退した力士で、年寄名跡を襲名継承した者のこと。定められた条件を必要と

の財団法人日本相撲協会[※1]の雛形である相撲会所《かいしょ》[※2]を相撲部屋と呼んだのが始まりです。そのうち相撲専業者として生活できるようになった年寄[※3]が、自宅で弟子を養成しはじめ、「部屋」と呼ばれるようになり、その形が現在まで続いているのです。

相撲協会に所属している力士、親方、行司、呼び出したちはすべて、いずれかの部屋に所属していなければならない決まりになっています。ところが各相撲部屋は協会の所有物ではなく、部屋の師匠の個人財産です。英語で相撲部屋は競馬の厩舎と同じSTABLEと訳されますが、競馬の厩舎は競馬会の財産です。

相撲部屋は平成19年1月現在54を数え、ここ数年増加傾向にあります。平成18年9月、この増加傾向を抑制するため、三役通算25場所、幕内通算60場所をつとめなければ部屋を創設できない規定が作られました。

部屋創設に際して、土地の取得、建物の建設は個人で費用を負担しますが、弟子を育成し始めると、後述する協会からのさまざまな補助金が支給されます。まして横綱や大関を育てれば、補助金は加算されるし、スポンサーはつくしで、部屋の収入は増えますから、資格と意欲がある現役引退力士は、いきおい部屋経営を目指すことになります。

相撲界の生活の場は相撲部屋です。これは江戸時代から２５０年近くにわたって続いている独特の仕組みです。師匠がいて、コーチ役の部屋付きの親方がいて、師匠の

する。通常は「親方」と呼ばれる。

※4　年寄名跡　日本相撲協会の「年寄名跡目録」に記載された名跡で、現在１０５の名跡がある。俗称で「年寄株」と称しているが、正式名称ではない。

奥さんのおかみさんがいます。力士は結婚して所帯を構えるまでは同じ屋根の下で寝起きします。特に、取的たちは兄弟弟子同士が入り混じって大部屋で寝起きします。いってみれば相撲部屋は擬似家族で、この中でしきたりや決まりごとを学び、人間関係の機微も学んでいくのです。

一時、貴乃花親方が自宅を別に構え、けいこ場には自宅から通ってくることで非難を浴びたことがありますが、こうみてくるともっともな話です。歴史的に日本の共同体は稲作農業に根差していて、最小単位は一つ屋根の下に住む家族です。相撲社会も同じです。師匠の「おやじ」のもと、奥さんの「おかみさん」がいて、その下にたくさんの兄弟が存在します。肝心な点はこの擬似家族が一つの屋根の下で寝食をともに営んでいることです。このように相撲部屋は歴史的、文化的にも「通ってくる」場所ではないのです。

ちゃんこ[※5]が終了した昼ごろの相撲部屋は、和気あいあいとした雰囲気です。若い床山がかわるがわる力士のまげを結ったり、行司が書類の整理をしたり、若い衆[※6]が腹ばいになって漫画本を読みふけったりしています。私も記者時代、このリラックスした雰囲気が好きでした。この中で力士と仲良くなり、ときどき特ダネに結びつく情報を手に入れたものでした。

※5　ちゃんこ　力士が作る料理、また、力士が食べる食事の総称。第7章で詳説。

※6　若い衆　各部屋で幕下以下の力士を呼ぶときの通称。「一人前でない若い者」という意味。「若い者」「わかもん」ともいう。

【これが相撲部屋の大広間だ】

大広間は取的たちの共同生活の場。
夏は短パンにTシャツ、冬はジャージ姿が基本です

ラジカセと漫画本が共通の娯楽アイテム

年齢とは関係ない年寄制度

相撲界独特の肩書きに「年寄」があります。大相撲界のルールを規定した「日本相撲協会寄附行為」及び「寄附行為施行細則」に細かく規定された資格で、簡単にいえば、力士が現役を引退した後に年寄名跡を襲名した者で、普通は「親方」と呼ばれています。

年寄といっても「老人」ではありません。室町から江戸時代に使われた言葉で、武家社会では、幕府の老中や各藩の家老など政務をあずかった重臣を指しましたし、町や村では町年寄など地域の指導者を、大奥でもいちばん力があった役職名は「御年寄」でした。当時は組織の指導的立場にある者の総称は、年齢に関係なく「年寄」で、なぜか相撲界にだけ残って今日に至っています。

年寄名跡は、日本相撲協会の「年寄名跡目録」に１０５が記載されています。ということは、現役時代一定の実績をあげた力士は誰でも年寄になれるわけではなく、年寄名跡を襲名してはじめて協会所属の年寄になれるのです。現役時代、多大な功績を残した力士には、一代年寄[※1]という特典が与えられることがありますが、基本的には１

※１　**一代年寄**　その個人一代限りにおいて年寄として待遇されること。名跡の継承はできない。現在は協会に著しい貢献があった力士に対して、その功績を称えて贈っている。戦後、大鵬、北の湖、貴乃花に一代年寄が贈られたが、千代の富士は辞退した。

※２　**雷権太夫**　江戸で初めて勧進相撲が許可されたときの勧進元。現在元小結・羽黒岩が襲名継承。

０５名前後のメンバーで日本相撲協会の〝フロント〟は運営されています。

年寄のルーツは元力士の雷《いかずち》権太夫《ごんだゆう》※2が勧進相撲興行を寺社奉行に願い出てはじめて許可された貞享《じょうきょう》元年（１６８４）に始まるとされています。当時雷以下14名のメンバーが「我々に独占的に相撲興行権をください」とお上に陳情し続け許可が下りたのです。当時の相撲興行は今でいうフーリガンのような輩が多く、喧嘩が多発したので、お上としても何度か禁止令を出すなど風紀上の問題で頭を痛めていました。最終的に徳川幕府が、相撲を専業とする者だけに興行権を与える方針を打ち出したのがそれから30年以上たった享保年間（１７１６〜35）で、このときに、限られた年寄だけで運営する現在の相撲協会の原型「相撲会所」が形づくられました。

このように特定なメンバーが集まって排他的に利権を独占する集団を株仲間といいます。現代風にいえば、お上の〝規制〟がしかれている護送船団ですから、他の団体が勝手に興行を打つことはできません。相撲興行のプロモーターは相撲会所のメンバーである年寄たちの独占事業となり、興行規模が大きくなるにつれて年寄の数も増えていき、昭和２年（１９２７）に88、34年（１９５９）に現在の１０５に落ち着きました。

自由競争を排除し、一定の集団が独占的に利権を享受するシステムは、中世的な制度で、日本では織田信長が廃止した「座」や、ヨーロッパでは「ギルド」があったことは歴史の授業で習ったとおりです。

ちなみに「株」は身分、資格、地位という意味があります。年寄の名跡を「年寄株」と称するのは、このときの株仲間から出ています。特定集団に属するための資格が「株」で、資格の裏づけが年寄名跡であることから、一般的に「年寄株」といわれているのです。

資本主義の原理原則にのっとって、基本的に自由競争を是とするアメリカ的な考えからすれば、大相撲のシステムは封建社会を現代に引きずっています。しかし、江戸時代から大きな障害もなく２５０年も続いているこの相撲界独特のシステムは、日本の文化、風土に根差した制度ともいえます。

組織の運営は基本的に元力士である年寄が行い、役人が天下ったり、コンサルタントが入ったりはしません。その点では確かに排他的ですが、それゆえ、江戸時代の日本的合理性が維持され、その結果、伝統は破壊されずに今日に至っているともいえます。

年寄の祖といわれる「雷」は現在も名跡の一つとして残っています。また「不知火《しらぬい》[※3]」「陣幕[※4]」、「小野川[※5]」、「阿武松《おうのまつ》[※6]」などの名跡は江戸時代に活躍した力士の四股名です。大相撲は、制度、文化はもちろん、固有名詞さえも江戸の昔を今に伝えているのです。

※3 **不知火**　初代は第8代横綱・不知火諾右衛門。昭和17年、年寄名跡に加えられた。現在元関脇・青葉城が襲名継承。

※4 **陣幕**　初代は宝暦4年（１７５４）に引退して大阪の頭取になった陣幕長兵衛。陣幕久五郎は第12代横綱。現在元前頭筆頭・富士乃真が襲名継承。

※5 **小野川**　初代は明和5年（１７６８）に大阪の頭取になった小野川才助。寛政元年（１７８９）横綱免許の小野川喜三郎は第5代横綱。現在は空き名跡。

※6 **阿武松**　初代は第6代横綱・阿武松緑之助。現在元関脇・益荒雄が襲名継承。

【国技館の“係員”は元力士】

審判
幕内は前半・後半で交代。元三役以上の人気力士が多い
あっ○○山!!
木戸
入り口のチェックも親方の担当
場内警備
場内にいる紺のジャンパー姿の大きな人
胸に相撲協会のマークが入った紺のジャンパーがユニフォーム

相撲の興行はヨーロッパ的

記者時代、相撲のほかに一時モータースポーツを担当していたことがありました。モータースポーツの最高峰はフォーミュラ・ワン、いわゆるＦ１[※1]です。Ｆ１競技の仕組みを調べているうちに、これは大相撲と似ているのではないかと思うようになりました。

Ｆ１は１年をサイクルとして世界各国を転戦することで、別名Ｆ１サーカスとも呼ばれています。フェラーリ、パナソニック・トヨタなどのいくつかのチームが〝一座〟を組んで世界を興行して回る点がサーカスを連想させるからです。

相撲も同じです。多少の番付の変化はあるものの、基本的には序ノ口から横綱まで〝一座〟を組んで年６回の本場所を興行して歩くシステムをとっています。

一座の巡業は英語では「サーキット」です。ゴルフもテニスも試合で世界を転戦することを「サーキット」と呼んでいます。今では、ウインター・スポーツのスキー競技、人気のフィギュアスケートも一定のメンバーで各地を転戦するシステムを採用しています。

※１　Ｆ１　国際自動車連盟が規定するレース専用車両（フォーミュラ・カー）で競う最高峰の競技。

※２　優勝賞金　本場所の各段優勝者に協会から授与される賞金。最近では平成６年に改正され、十枚目２００万円、幕下50万円、三段目30万円、序二段20万円、序ノ口10万円となっている。ちなみに殊勲・敢闘・技能の三賞は各２００万円。賞金総額は１９１０万円。

※３　ゴルフ優勝賞金　２００６年に行われた「日本プロゴルフ選手権」の優勝賞金（賞金総額は１億１０００万円）。同年の最高賞金試合は「ダンロップ・フェニックス・トーナメント」で、賞金総額２億円、優勝賞

もう一つは賞金です。相撲の幕内優勝賞金[※2]は１０００万円です。この金額が高いか安いかは後述しますが、額面で見る限り15日間働いて１０００万円は、ゴルフの４日間で２２００万円の優勝賞金[※3]と比べれば安いといわざるをえません。Ｆ１も各シリーズの優勝賞金は明確にされていません。車体やユニフォームにつけられたスポンサーの広告収入がチームにもたらされ、ドライバーはチームとの契約金が収入の基本になっています。

力士の収入は大きく分けると月給、褒賞金、懸賞金が主な収入源です。非公式には後援者からの援助もあります。つまり収入源は複数かつ多層的です。アメリカのスポーツは逆に収入は単純です。ゴルフは試合の賞金、メジャーリーグなどのプロ球技は球団との契約金です。

勝ち組・負け組がはっきりしている個人主義的なアメリカに対して、ヨーロッパのＦ１や日本の相撲は、トッププレーヤーから縁の下で働く者までの〝一座〟全体の繁栄をベースに仕組みを作っているように思えます。

このような仕組みは、ヨーロッパで人気のスポーツにはよく見受けられます。自転車競技のロードレース[※4]も同様です。ツール・ド・フランスだけが脚光を浴びていますが、ヨーロッパではそのほかにジロ・デ・イタリアなどの大会が春から夏にかけて各地で開催されます。

金４０００万円。

※４　**自転車ロードレース**　片道あるいは周回コースで一般道路を使って行われるレース。一日のワンデー・レースとツール・ド・フランスのように数日から数週間かけて行うステージ・レースがある。

参加選手は個人ではなく10人ほどのメンバーで構成されているチームに所属しています。チームにはスポンサーの名前がつけられ、それが収入源であるのはＦ１と同じです。10人の中で実力のある一人か二人の個人を他のチームメートがサポートしながら、延べ1か月近い「ツアー（ツール）」を乗り切り、総合優勝が決まります。

このようなヨーロッパのスポーツと相撲に共通しているシステムは、スポンサーという概念です。おそらく、ヨーロッパでは中世に各王候に所属していた騎士たちが槍を持って馬にまたがり、王様や女王様の御前で試合をしていた名残が、形を変えて現代まで続いているのではないかと思われます。

その証拠にＦ１の競技会場は各チームがスポンサーを接待する場所を作り、そこでは専用のコックを呼んで優雅な雰囲気の中で観戦をさせています。王侯貴族がスポンサーだった頃の名残はこのあたりにも現れています。

江戸時代の中期以降に確立された日本の相撲のシステムも、賞金だけが収入の殺伐としたプロ集団ではありませんでした。大名が力士を自藩の家来に採用し、禄（給料）を与えたいわゆる「お抱え力士」が中心でした。

もともとは武術奨励の意味から力士を採用しましたが、元禄（１６８８〜１７０４）以降は各藩の自慢や優越感を誇示するために、参勤交代[※5]の行列にも参加させ、年2回の本場所では、大名も家臣も勝負に一喜一憂するようになり、それが庶民にも伝

※5 **参勤交代**　江戸幕府が諸大名に課した義務の一つ。隔年交代で石高に応じた人数を率いて江戸に出府し、将軍の統率下に入る制度。

わって、空前のブームになったわけです。

当時は各藩とも地元出身者ばかりではなく、現在の高校野球のように他国出身でも強豪力士をスカウトしました。特に力士育成に力を入れた藩は仙台伊達家、紀州徳川家、因幡の池田家、出雲松平家、肥後細川家などで、土俵入りの化粧まわしも藩の印を意匠し、特に豪華だったのが紀州で、化粧まわしの語源は「紀州まわし」という説もあるくらいです。

現在の番付表には四股名の上に青森や東京など力士の出身地が明記されていますが、当時はどこの藩の所属か一目でわかるように大名家の国名が書かれていました。寛政３年（１７９１）４月の番付を見ると、東の大関・小野川は久留米、西の大関・谷風は仙台、西の関脇・雷電は雲州（出雲）などと書かれています。

ちなみに小野川は現在の滋賀県の生まれ。谷風は仙台市の生まれですが、雷電は長野県の生まれと、抱えている藩と出身地は必ずしも一致していません。

このように一部金持ちのスポンサードがあって発展してきたのが相撲であり、Ｆ１です。両方とも少し贅沢な文化の薫りがするのは、そのせいかもしれません。

「桝席」には江戸の「粋」が残っている

どうせ本場所の相撲を観戦するなら、枡席[※1]というファンは多いと思います。一度経験した方ならわかると思いますが、相撲観戦に招待されたらまず国技館の木戸[※2]を通り、正面入り口に向かいます。入り口から突き当たりまでは広い廊下になっていて、左右には国技館サービス会社が20ほど軒をつらねています。ここでチケットに書かれている番号を確認します。「2番」と書かれていれば、2番のサービス会社の窓口まで行き、番台のようなところに座った、いかにもおかみさん、あるいは番頭さん風の係の人にチケットを提出すると、すぐに裁着袴《たっつけばかま》姿の出方《でかた》[※3]さんが「どうぞこちらへ」と言って席まで案内をしてくれます。

着席すると、出方さんはその日の取り組み一覧表[※4]を渡し、「ごゆっくり。後ほどご注文をいただきにあがります」といったん下がります。このとき、さりげなく「世話になりますよ」と言って「心づけ」を渡します。招待された場合、弁当や土産はセットになっていますから、酒などの飲み物とつまみを頼みます。焼き鳥は絶品ですし、夏場所だったらそらまめがなかなかオツです。

※1 **枡席**　観客席のうち溜まり席の背後に配置された正方形にパイプで仕切られた席。広さは１２８cm四方で定員は通常４名。座布団を敷いて座る。国技館の枡席は土俵から遠くなるにつれて高くなるように階段状に造られている。「枡」と省略する。

※2 **木戸**　相撲場の入り口の総称。江戸時代、興行場などに設けられた見物人の出入り口の呼称。

※3 **出方**　国技館サービス株式会社の、接客サービスを行う男性従業員の呼称。現在約２５０名が従事。現在の服装は明治42年（１９０９）の旧両国国技館の落成を期に定められた。

※4 **取り組み一覧表**　その日の序ノ口以上の全

相撲で茶屋というのはこの入り口の廊下に並ぶ1番から20番までの国技館サービス会社のことをいいます。

昭和32年の大相撲大改革で文部省の指導のもと、前近代的な制度がいくつか改められました。茶屋もこのとき相撲サービス株式会社と日本相撲協会が50パーセントずつを出資する株式会社に変わり、現在の両国国技館が完成した昭和60年（1985）に国技館サービス株式会社と名前を変更して現在に至っています。

相撲茶屋の起源は江戸時代の天保4年（1833）とされています。宝暦から明和（1751〜71）にかけて、相撲観戦で席や飲食物を世話する人が自然に発生して相互扶助的な組織である講[※6]を結成、相撲会所が当時の14人に独占的な権利を与えたのがこの年だったからです。

それから200年以上が経過し、組織は株式会社になりましたが、やっていることは江戸時代とあまり変わっていません。その証拠に、1番から20番までは「四ッ万」「吉可和」など料亭のような屋号を名乗っていますし、14番の「白豊」は、白山の豊吉の略で、この人は天保4年に相撲茶屋を許可された14人のなかの一人なのです。

相撲社会では屋号で呼び合い、国技館の桝席の8割は20の茶屋が利権を持っています。各茶屋の出方が自分の担当の枡を持っているのは欧米のレストランでのウェイターと同じで、戦後ほとんど消滅してしまった心づけの文化もここでは依然として健在

取り組みを記載したA3判1枚の印刷物。裏面には幕下25枚目以上の前日までの星取表が載っている。関係者の間では「割り」あるいは「大割り」と呼んでいる。

※5　講　目的を同じくする人たちで結成する相互扶助組織。

です。

茶屋というと京都の「お茶屋」を連想しますが、何も京都の専売特許ではありません。江戸時代の芝居見物には芝居茶屋が存在しました。お得意先を回っての「今度このような出し物が上演されます」といった営業活動から、実際の鑑賞に際して、裕福な商家の子女たちはこの芝居茶屋で身支度を整え、芝居小屋の桟敷にあがりましたし、幕が終わると茶屋にいったん退き、食事をとります。これが〝幕の内〟弁当のルーツといわれています。このように、芝居茶屋は観客と劇場をつなぐ斡旋サービス業だったわけです。

遊郭の吉原※7にも引手茶屋という斡旋サービス業が存在しました。時代劇などではお客が直接妓楼に上がっていますが、高級妓楼（大見世）で遊ぶ場合は引手茶屋を通さなければなりません。当時の吉原の地図を見るとメーンストリートの「仲の町」の両側は引手茶屋が占めています。お客はまず茶屋に落ち着き、ここで芸者や幇間《ほうかん》を呼んで飲食し、その後茶屋に頼んで妓楼にあがる、というプロセスを踏んでいたのです。

茶屋は価格こそ多少高くなるものの、客の煩わしさを代行してくれる江戸時代特有のサービス・システムだったわけです。大相撲特有の128センチ四方の桝席観戦の裏には、このような江戸時代の文化がしっかり残っているのです。

※6　吉原　江戸幕府が公認した遊郭。元和3年（1617）日本橋葺屋町に開設されたが、明暦の大火以後、千束日本堤下山谷（現在の江東区千束）に移転。昭和33年の売春防止法施行で遊郭は廃止。

【お茶屋と出方さん】

国技館サービス会社の窓口。
入り口の左右に10ずつ、
合計20が軒を連ねている

お酒や弁当は今でも
竹で編んだ篭に入れて
運びます

チョコレートや灰皿、
湯呑みなど、
紙袋いっぱいのお土産

粋なたっつけ袴。
呼び出しと同じ
装束です

力士のファッションは〝文化財〟

両国界隈を歩いていると力士と出会うことがしばしばありますが、力士の姿が視界に入らなくても力士の存在を識別する方法があります。一つはバニラのようにまったりと甘く香る鬢付け油の匂い。そしてもう一つが雪駄[※1]の裏鉄《うらがね》がアスファルトに当たるチャラチャラという音です。雪駄は力士なら誰でも履けるわけではありません。新弟子から序二段までは雪駄は許されず、履き物は下駄です。三段目になってはじめて雪駄を履くこと、幕下からは博多帯[※2]を締めることが許されるのです。

相撲担当記者になってしばらくの間、疑問に感じたことの一つが、力士の雪駄の履き方でした。力士の足の大きさは取的から関取までほぼ全員が28センチ、5E以上です。私の記者時代には32センチという幕下力士がいました。一場所に二度勇み足で負け、師匠から「お前は自分の足の大きさが把握できていない。今度から指の付け根にマジックで線を描いておけ」と叱られていました。このように大足そろいの力士なの

※1　雪駄　千利休の創意といわれる履き物で、竹皮草履の裏に牛皮を張り付けたもの。幕下まではビニール製で、畳表は関取専用。

※2　博多帯　博多献上ともいわれる帯の種類の一つ。独鈷（どっこ）柄の縞が一般的で、幅は8寸（約24㎝）。経糸の密度が高く緩まないのが特徴。力士は、折らずに一重を無造作に巻き付けている。

※3　火消しの頭　いろは48組で編成された江戸の自衛消防組織各組の現場リーダー。鳶などの配下を統括し、普段は争いごとの仲裁など、町内の雑事を引き受けた。

※4　与力　江戸幕府の職名の一つ。町奉行の配下で江戸市中の行政、司

に、履く雪駄は彼らの足に合っていないのです。鼻緒に親指と人差し指を申し訳程度に引っ掛け、かかとは外に大きくはみ出しているのです。いつ脱げてもおかしくない状態で、チャラチャラと音を立てながら摺り足気味で歩くのです。

先輩記者に聞いたところ「ふだんから摺り足のけいこをしているんだよ」とのことでしたが、どうやらそれは後付けの理由で、元来は江戸時代後期の江戸っ子の「粋」の価値観だった「履き物は小さめを」が今に残っているのです。

江戸研究家の杉浦日向子さんは、江戸のカッコいい男（江戸の三男）は、火消しの頭[※3]、力士、与力[※4]だった（『一日江戸人』、新潮文庫）と書いています。いずれも命がけの商売。喧嘩や勝負ごとに強くなければならないし、そのため人の面倒見がよく、金離れもいい、あっさりした粋なキャラでした。粋の反対は野暮で、野暮の典型が格式ばった形式主義と成金趣味でした。鉄を打った小さめの雪駄をチャラチャラさせながら歩くのは、与力の支配下で、武士なのに町人のような伝法な言葉を使っていた同心[※5]の典型的なファッションでした。与力、同心は羽織も短め、要は〝小さめ〟こそ粋の象徴だったのです。

現在の感覚ですと力士のように太ったメタボリックな体型は女性にも男性にも評価はされませんが、江戸時代は恰幅がいい太った体は富の象徴でした。明治以降、軍隊などでお仕着せの制服文化が広まったため、規格外の体型は肩身が狭くなりましたが、

法、警察の任に当たった。同心と同じく下町の八丁堀に居住し、町人との付き合いが多かったため、いわゆる武士的ではない独特の立居振舞をした。

※5　同心　与力の下で行政、司法、警察の公務を行った下級役人。副収入で多かったため、金払いのよさ、黒紋付に袴なしの着流し、雪駄のいでたちなどが江戸の「粋」文化の象徴だった。

江戸時代は、大きな体は憧れの対象でしたから、力士はとてももてたのです。

親しくしていた蔵間と飲みにいったとき、脱いだ羽織の裏地に危ない浮世絵が描いてありました。いわく「座敷に上がって中居さんが羽織を預かるでしょ。そのときにこの裏地をチラッと見る。で、この人は遊びを知っているな、と思われるわけなんだよね」と、さすがに当時プレイボーイといわれただけに、粋な演出は江戸の雰囲気でした。

このように江戸時代のおしゃれの価値観の一つは見えない部分に凝ることで、ちりめんの褌などを締めて吉原に行くのが粋とされていました。横綱時代の北の富士を部屋で取材したとき、朝、髪を結い直しに自室から出てきた北の富士が六尺といわれる褌一本で、それもピンク色の晒しだったのは、実にさまになっていました。

力士は4月から10月頃までは浴衣[※6]姿ですが、そのほかの季節はいわゆる着物を着ています。その着物の柄とデザインもなかなかおしゃれです。生地は大島に代表される高価な絹ですが、柄はめちゃくちゃカジュアルな縞や格子が多く、配色もくすんだ緑にベンガラなどといった〝派手渋〟な感じが多く、それがまた大柄な力士の体に映えていました。

着物姿の力士のファッションは江戸時代のおしゃれをほとんどそのままの形で今に伝えている、大げさにいえば文化財でもあるのです。

※6 **浴衣**　相撲社会では内部の者同士で暑中見舞いのあいさつや昇進、引退の時の引き出物として浴衣地を贈答する習慣がある。もらったほうはその生地で浴衣を仕立て着用するので、他の力士の四股名が染め抜かれた場合が多い。

【力士の粋な着物姿】

女性好みの生地で
作った着物で、
ゆったりと着る
分厚い財布は
この帯の中
柄は派手でも
色は渋め
帯はヘソ下で
ゆるめに縛り、
結び目は右脇下へ
雪駄は鼻緒に指を
つっかける程度で

力士の「度量」はきっぷのいい金遣い

相撲界には独特の隠語がたくさんありますが、よく使われる隠語の一つに「お米」があります。「お米」とは「お金」のことで、江戸時代、大名に抱えられていた力士が扶持米《ふちまい》[※1]を給料として与えられ、それを換金して生活費に充てていたことから、お米イコールお金となったといわれています。

２５０年以上たった今でも、相撲業界は依然としてお金はお米です。「おかみさん、ちょっとお米が足りなくなっちゃって」などと使いますし、師匠が「こいつはうちの米櫃《こめびつ》なんだよ」といえば、実力と人気が備わった力士を指します。人気力士がいれば後援者も多く集まり、自ずと部屋の財政が潤うからです。

お米を使った隠語の一つに「お米が切れる」という表現があります。金離れがよく、気前がいいことです。力士は場所前のけいこで、自分の部屋以外に出げいこ[※2]に行く場合があります。その際、行った部屋の呼び出しさんにタクシーを手配してもらったりする関係でちょっとした金を包んだりします。その額が大きいと「○○関はお米が切れる」となるわけです。

※1　**扶持米**　江戸時代、主として下級武士に与えられた給料の形態。一人扶持は一日、男が米5合、女が3合を基準として支給された。

※2　**出げいこ**　力士が自分の所属する部屋以外に出向いてけいこすること。一般的には一門同士での出げいこが多かったが、最近では一門以外の部屋に出向くことも多くなった。

※3　**とうすけ**　相撲界の隠語で、けち、しみったれな人のこと。明治時代中期の藤田川藤助という力士が徹底した倹約で金を蓄えたのが由来。

お米が切れることは業界では非常に高く評価されます。第45代横綱・初代若乃花の花田勝治氏は、かつて「預金通帳を枕元に置いて寝るような奴は出世しない」と言っていました。手刀を切っていただいた懸賞金を付け人に無造作に差し出し、「これでうまいもんでも食えや」という関取も人気があります。逆は「とうすけ[※3]」といって嫌われます。江戸時代の価値観である「きっぷ（気風）がいい」は相撲社会では依然として生きているのです。

実際、力士は多額の現金を持ち歩いています。二つに折れない縦長の財布に1万円札を10万円ごとの束（9枚の1万円札を1枚で束ねる）にして、関取クラスなら10束以上は入れています。今から25年前に目撃したシーンでは、幕下力士の財布に10万円の束が五つ入っていました。

NHKテレビの大相撲解説者・北の富士勝昭氏は、お米が切れることで相撲界はもちろん、一般社会でも、ネオン街でも人気がありました。

まげを切った後の親方時代、私たち記者連中と飲んだときの話です。一段落した頃「おれはちょっと用事があるので先に帰るけど、ゆっくりやってってよ」と言って帰りました。残った私たちが、その後さらに飲み食いして、いざ割り勘で支払いとなったとき、店は「親方からいただいていますから」と言うではありませんか。そのような素振りを見せずに笑いながら帰っていった北の富士氏を見て、なるほどお米が切れるとはこういうことなのだ、と実感したしだいです。

つまり金は粋に使うのであって、間違っても恩着せがましくしたり、成金っぽく札びらを切ってはいけない、それこそ野暮なのです。

三代の江戸っ子を自認する評論家の京須偕充氏は、『とっておきの東京ことば』（文春文庫）の中で「江戸っ子の基本は気が利いていること」と看破していますが、粋とは気が利いていることなのです。

仲が良かった蔵間は馴染みの店に行くと、金を財布ごと店に預けてしまっていました。「俺は金に拘泥しないよ」の鷹揚さの意思表示です。先日、「ジャンクＳＰＯＲＴＳ」というスポーツ選手を集めた浜田雅功司会のテレビ番組で、錣《しころ》山親方が「１か月で飲み食いだけで３０００万円使ったことがある」と言い、周囲が「えーっ」と驚きの声をあげていましたが。人気力士はそのくらいの金の使い方を平気でするものなのです。

このような力士の資金源になっているのが、いわゆるタニマチです。明治時代、大阪の谷町で開業していた相撲好きの医者が力士を無料で診察したのが語源で、熱心な後援者をタニマチと称するようになったといわれています。一般的には後援者、古い言い方だと贔屓筋などと言いますが、力士にとっては何よりも大切なスポンサーです。

江戸の川柳の一つに「相撲好き女房に羽織ことわられ」というのがあります。当時、相撲好きは贔屓の力士が勝つと、着ていた羽織を土俵に投げ入れる風習がありました。投げ入れた客は後で力士のもとに戻してもらいにいくわけですが、引き換えに祝儀を渡さなければなりませんでした。

後援者はそのほか、部屋に関取が誕生すると化粧まわしをプレゼントしなければなりません。値段は１５０万円くらいからですが、そのほかに祝儀が必要です。30年ほど前の記者時代、当時マスコミにも人気があったある大関が優勝したとき、本人から直接「一晩にキャッシュで２５００万円が集まった」と聞いたことがあります。タニマチは部屋の新築祝、増築祝はもちろん、贔屓の力士を酒席に呼んでも最低50万円くらい包むのが常識になっています。「相撲のタニマチは芸者遊びより金がかかる」といわれているのが実感としてよくわかります。

かといって、力士を顎で使えるかというとそうではありません。明治時代までは場所入りした力士が桟敷の後援者の間を回って祝儀を集めていましたが、士族の出を矜持としていた第19代横綱・常陸山が「力士の品位を落とす」と言って禁止してしまいました。金にぺこぺこしない者に金を惜しみなく使うのが、本来のタニマチ気質です。これは、決して金だけではなびかなかった江戸時代中期までの吉原の高給遊女への接し方と同じです。

相撲はこのように、金の遣い方にも江戸の文化を残しているのです。

各種の記録その2

連勝記録、連敗記録ほか

連続勝利数1位は、なんといっても燦然と輝く横綱・双葉山の69連勝。昭和14年春場所4日目、西前頭3枚目の安藝ノ海に外掛けで敗れ70連勝を阻まれたときは、号外が発行されたほどの反響だった。68年が経過した現在もこの記録は破られていない。続いて②千代の富士の53連勝、③大鵬の45連勝。

ちなみに大鵬の46連勝を阻止したのが、現年寄雷(いかずち)の羽黒岩で、写真で見る限りは〝誤審〟だった。これをきっかけに、物言いにビデオが採用されたのは有名な話。

逆に連敗記録だが、負け続ければ番付が降下するので意外に少なく、①五ツ海21、②桂川19、③板井18がワースト3。

幕内勝利数は当然横綱が上位に並んでいて①千代の富士８０７、②北の湖８０４、③大鵬７４６の順。ただし、出場回数となると別で、勝ちにこだわる横綱・大関よりも、比較的気楽に土俵に上がれる力士が〝丈夫で長持ち〟のようで、幕内連続出場回数は①高見山１２３１、②巨砲１１７０、③黒姫山１０６５がベスト3。しかし、高見山は13年半の間、一度も十枚目に陥落しなかったのだから、立派ではある。

殊勲・敢闘・技能の三賞は「あまり多く獲得した奴は出世しない」といわれているが、そうでもなさそう。通算①は安芸ノ島の19、②琴錦18と上位2人は元関脇だが、③魁皇15は大関。ちなみに各賞の獲得数トップは殊勲が元大関・朝潮で10、敢闘は名は体を表してい貴闘力で10、技能は、逆鉾と寺尾のお父さんで、両差しの名人といわれた鶴ケ嶺の10が歴代ナンバーワン。

最後に変わった記録を。若くして引退した「最年少年寄」で、現年寄伊勢ノ海の藤ノ川が26歳2カ月で引退、年寄立川を襲名している。

第五章◇相撲の仕組みの独自性

相撲が発明したランキング一覧表が「番付」

「番狂わせ」という言葉は今でもしょっちゅう使われています。意味は予想外の結果が出ること、つまり勝負事などが順番どおりにいかなかったときで「本命のディープインパクトが着外に落ちる番狂わせ」などと使います。番狂わせの「番」の訓読みは「つがい」です。つがいとは二つで一つ、一組、一対のという意味があります。

さて、相撲の番付です。要は誰がどのくらい強いのかが一目でわかるランキング一覧表です。しかし、番付がプロ野球の「打撃10傑」などの単純なランキングと違うのは、同じ強さの者を東西に配して一対にした点です。東西で一対なので「つがい」となるわけで、よく考えてみると、古今東西のランキング表の中でもこれは画期的な発明です。

現在でも「長者番付」などと一般用語として健在な「番付」は、相撲から始まりました。したがって、冒頭の「番狂わせ」の番も番付の番からきています。つまりランキングどおりにはいかなかった、という意味なのです。

番付がいつごろ出現したかは定かではありませんが、遅くとも元禄年間（1688

※1　**板番付**　興行する場所に宣伝のために掲げる板に書かれた番付。大きさは縦横それぞれ1・8m。板番付の形は入山形といい、屋根に当たる部分が、「大入り」の縁起を担いで「入」の字形に作られている。

※2　**相撲字**　「大入り」の縁起を担いで、字画の白い部分を極力少なくした相撲界独特の書体の毛筆文字。行司の必修科目。かつて番付を根岸家が書いていたので「根岸流」ともいわれた。

※3　**番付編成会議**　その場所の力士の成績から翌場所の地位を決める会議。審判部が主催し、千秋楽から3日以内に開かれる。

〜1704）には存在していたといわれています。当時の番付は興行する場所に、主な力士の地位と名前を板に書いて立てていました。ちなみに、現在でも屋根の部分を「入」の字にした板番付[※1]が、本場所中は国技館の太鼓櫓《たいこやぐら》の下に掲げられています。

その後、番付は紙に印刷されるようになり、現存する最古の番付は宝暦7年（1757）10月のものです。この番付は東西が1枚になっていますが、もともと大阪では東西で1枚ずつの2枚でした。江戸でもこの方式を採用しようとしましたが、いかんせん力士の数が少ない。そこで1枚に収めてしまおうということで、今の形になったといわれています。経費節減がアイデアを生み出した典型的な例です。

初めて刷りたての番付を手にしたときの私の印象は「これぞ様式美」でした。白と黒だけの色遣い、独特な相撲字[※2]のデザイン美、そしてインクの匂いと、和紙風の紙質。58センチ×44センチの中に江戸時代から続く相撲のすべてが凝縮されている感じでした。

序ノ口力士の四股名はよくいわれるように虫眼鏡でなければ読めない大きさです。よくこんな小さな字が書けるなと思いましたが、相撲好きの料理屋さんの壁などに貼ってある番付表は、原本を縮小したもので、「元書き」といわれる原本は110センチ×80センチ、面積で約3・5倍の大きさです。

本場所の番付は、前場所の千秋楽後の3日目（水曜日）に開かれる番付編成会議[※3]で決まります。しかし、発表されるのは本場所初日の13日前（月曜日）です（初場所だけは年末の郵便事情を考慮してやや早めている）。例外として化粧まわしの発注などの準備が必要な十枚目、大関、横綱に昇進する力士だけに限って昭和46年（1971）から番付編成会議の日に公表しています。

番付を書く作業は番付編成会議の後からすぐに始まります。書くのは行司、紙はケント紙、もちろん手書きです。1か月以上かけて書き上げ、翌場所の番付発表に間に合わせます。

考えてみると、番付はとても合理的な表現方式です。ランキング表ですが、対になっているので比較対照ができます。東と西では、東の格が半枚上なので、同じ関脇でも順位は①東関脇②西関脇③東張出関脇――など細かい点もカバーしています。

ランキングは総合評価に基づきます。プロ野球の打撃10傑の並びは打率順、投手10傑は防御率順、いずれも総合評価ではありません。プロ野球の上位10傑ランキングは、打率だけよくてもチャンスに打てなかったり、守備が極端に下手だったりなどの要素がなかなか見えてきません。その点、数字的データ以外の要素も織り込んだ番付は総合力のランキングです。

新十両に昇進した力士の記者会見での決まり文句は十年一日のごとく「自分の四股名が大きくなりました」です。このように番付は地位が上がるに従ってだんだん字が

※4 **若者頭**（わかいものがしら） 元十枚目、幕下力士で、幕下以下の力士を監督する協会所属の職員。通常「頭（かしら）」と呼ばれている。

※5 **世話人** 元十枚目、幕下力士で、相撲用具の運搬・保管などを担当する協会所属の職員。通常現役時代の四股名で呼ばれる。

大きくなります。これは、力士にとってはインセンティブ（励み）ですし、見るほうにとってはランキングのビジュアル化です。昨今ビジネス界でいわれるようになった「見える化」を相撲界では江戸時代から取り入れているのです。

番付に記載されているのは力士だけではありません。5段目の序ノ口力士の後には親方全員の年寄名が、真ん中の縦のスペースには行司全員、若者頭※4、世話人※5、十枚目格以上の呼び出しの名前が書かれています。主催者である「財団法人日本相撲協会」の名前は真ん中の下に。最上部には江戸勧進相撲時代の名残で「蒙御免」の大きな文字と、その下には興行の年月日と会場。左下の最下段には「此外中前相撲東西ニ御座候《このほかちゅうまえすもうとうざいにござそうろう》」と、記載された以外に前相撲の力士が存在していることを但し書きして加え、最後に「千穐万歳大々叶《せんしゅうばんざいだいたいかのう》」と縁起まで担いでいます。

すべてを1枚にコンパクトにまとめた番付の発明は、さまざまなものに利用されました。石川英輔氏著の『大江戸番付事情』（講談社文庫）に詳しく書かれていますが、現在のレストランガイドと同じ「料理屋」のランキングや、変わったところでは「儲かる商売」番付、「娘」や「女房」、果ては「言い訳」の番付も作られました。

1枚の紙にすべての要素が凝縮された番付は、日本人的な合理精神がもたらした偉大な発明といえるのではないでしょうか。

取り組み編成はファンサービス優先

テレビや新聞ではあまり使われないのに、その業界内では非常に使用頻度が高い言葉があります。相撲界でこれに相当するのが「割り」ではないでしょうか。

「割り」とは取り組みのことです。本場所で入場者に配布される、A3判の大きさでその日の全取り組みと星取り[※1]が印刷されている一覧表も、割りと呼ばれています。幕内土俵入りの直後に行われる「顔触れ[※2]」で披露される取り組みを書いた紙は「割り紙」、休場などでいったん決まった取り組みを変更するのは「割り返し」、このような作業を行う行司の控え室は「割り場」といった具合です。

「割り」の語源は「割り振る」あるいは「割り当てる」です。相撲は1対1の対戦ですから、出場力士を東西二つに分けなければなりません。誰をどのように東西に「割り振る」かは、取組編成会議で決まります。会議のメンバーは審判部長、副部長と審判委員で、書記として発言権のない行司が同席します。土俵の下にいて物言い[※3]をつける審判委員のもう一つの仕事は、このプログラム編成なのです。

本場所初日と2日目の取り組みは初日の2日前、つまり金曜日に編成されます。本

※1　星取り表　「星」は勝ち負けの総称。勝負の結果を白黒の丸で表した一覧表。協会が本場所ごとに作成する正式なものは、1枚の紙の表に十枚目以上、裏に幕下から序ノ口まで全力士の勝負結果と対戦した力士名が書かれている。

※2　顔触れ　対戦する両力士の四股名を相撲字で書いた紙のこと。大きさは縦48㎝、横33㎝。本場所の横綱土俵入りの後に、土俵上で行司（立行司か三役格）が行う顔触れ言上（ごんじょう）で使用し、翌日の朝、櫓の下に張り出される。

※3　物言い　行司の勝負判定に疑問や異議がある場合に、土俵下に控える審判委員が挙手して異議を申し立てること。土

場所を休場しそうな力士の師匠が報道陣に対して「休場するかどうかは金曜日の朝に決める」と言うのはそのためです。

3日目以降は前日に編成されます。幕内の編成が終了するのは前日の午後3時頃です。したがって当日の取り組みでケガをし、翌日から休場せざるを得ない場合は編成をやり直さず、不戦勝・不戦敗で処理します。

ただし千秋楽の編成だけは、14日目の幕内前半終了後（午後4時半前後）に行われます。幕内下位の力士が横綱や大関と対戦しないまま優勝することがないように、優勝の可能性を残している下位力士の動向を見極めるためです。

スポーツの試合方式は、大きく分けるとトーナメント戦とリーグ戦に分けられます。高校野球は前者、プロ野球は後者でしたが、最近は両方の要素を取り入れるシステムが多くなり、アメリカのプロスポーツはリーグ戦のシーズンゲームとトーナメントのプレーオフの併用型が定着しています。

大相撲は基本的にはリーグ戦です。日本相撲協会寄附行為施行細則附属規定の取組編成要領で編成のルールを明記しています。その第6条に「取組は、段階別に番付順位により編成することを原則とする」と、力の均衡した同士の対戦を定めています。ところが但し書きがあって「但し、下位の力士をその成績により横綱、大関と取り組ませることができるものとする」となっています。

俵上での協議の結果を審判長が場内で説明するようになったのは昭和43年（1968）春場所から。なお、控え力士も物言いをつけられるが、協議には参加できない。

千秋楽の取り組みが、いくら片方の成績が悪くても横綱同士、大関同士になるのは原則を貫いているためで、たとえば、平幕下位で9連勝くらいすると、10日目に大関との対戦が組まれるのは、但し書きが生きているからです。

本場所の取り組みは原則、同等の力を持った力士によるリーグ戦、ではあるのですが、運用はかなりフレキシブルです。

通常、横綱、大関は原則として前頭2から3枚目以上の力士と対戦しますが、平成18年の九州場所では東大関の栃東[※4]は東小結の安美錦[※5]と対戦していません。この場所は、東前頭11枚目の豊真将[※6]が11日目まで10勝1敗と優勝争いに絡んできたので、12日目に栃東との対戦が組まれたため、番付上では当然対戦しなければならない小結・安美錦との対戦が実現しませんでした。この場所、安美錦は11日目まで4勝7敗。取組編成会議は「小結と大関は必ず対戦しなければならない」建前よりも、より観客受けする「前頭11枚目で元気な豊真将を大関と対戦させ、優勝争いを面白くさせる」カードを優先させたわけです。

大相撲はこのように、伝統や定石は守りつつも、観客を意識した編成をしばしば行います。

たとえば、大関同士の対戦を、観客が多い8日目の日曜日に組んだりします。相撲好きの昭和天皇は戦後の昭和30年から62年までのべ40回国技館に足を運んでいます。

※4　栃東大裕　昭和51年11月9日、東京都足立区生まれ。玉ノ井部屋。

※5　安美錦竜児　昭和53年10月3日、青森県西津軽郡深浦町生まれ。安治川部屋。

※6　豊真将紀行　昭和56年4月16日、山口県下関市生まれ。錣山部屋。

※7　天覧相撲　天皇が観戦する相撲のこと。現在のように国技館で天皇が観戦するようになったのは昭和30年夏場所から。相撲好きだった昭和天皇は合計51回観戦している。

※8　富士櫻栄守　現年寄中村。昭和23年3月9日、山梨県甲府市生まれ。最高位関脇。昭和60年3月引退。身長１７８㎝、体重１４１㎏。得意は突っ張り、押し。けいこ熱心。正攻法の取り口で人

特に、突っ張りが得意でスピード感がある相撲を好まれたようで、昭和50年夏場所8日目の天覧相撲[※7]では、意識的に麒麟児と富士櫻[※8]の取り組みを編成しました。

この一番は、私も実際に見ていましたが、壮絶な文字どおり死力を尽くした突っ張り合いで、貴賓席の昭和天皇は心から大きな拍手を送っていました。その後も、天覧相撲では麒麟児―富士櫻戦が組まれていたような気がします。

江戸時代はもっと露骨で、人気がある力士は負けが込んでも番付を下位に落とさなかった例もあります。今も年寄名跡に残っている佐野山[※9]は相撲っぷりが力闘型で人気があったため、49場所中勝ち越しが7場所しかなかったにもかかわらず、最後まで幕内に残っていました。

杓子定規で融通の利かない制度を死守するより、観客サービスを優先させる考え方は、企業の勉強会でうるさくいわれているSC（コンシューマー・サティスファクション）の考えと同じです。

江戸時代から続くこのようなサービス精神が、取り組み編成の底には脈々と流れているのです。

気があった。

※9 佐野山 明治以降「佐ノ山」と改められ、年寄名跡になった。現在は空き名跡。

兄弟の対戦が実現しない本当の理由

平成18年の九州場所の話題の一つは、幕内に兄弟関取が3組も誕生したことでした。新入幕の安壮富士[※1]は小結・安美錦の兄、再入幕同士の北桜[※2]と弟の豊桜[※3]、それにロシア出身の小結・露鵬[※4]と前頭14枚目の弟・白露山の3組です。

NHKテレビが中入り前の時間帯でこの3兄弟を話題として取り上げたときに、アナウンサーが繰り返し言っていたことが、「兄弟力士はたとえ部屋が別々でも対戦しません」でした。

たしかに安美錦と安壮富士は同じ安治川部屋[※5]なので、かつての若乃花[※6]と貴乃花[※7]のように対戦が組まれないことは常識としてわかります。しかし、他の2組は、豊桜が陸奥部屋で北桜が北の湖部屋、白露山が北の湖部屋で露鵬が大嶽部屋[※8]、とくに北桜と豊桜はそれぞれ前頭11枚目と8枚目ですから、当然対戦してもいい位置です。しかし、アナウンサーは最後まで対戦しない理由を説明してくれませんでした。

話は変わりますが、平成18年の流行語大賞になった言葉の一つが「品格」です。ベストセラーになった『国家の品格』（藤原正彦著、新潮新書）から出た流行語で、こ

※**1　安壮富士清也**　昭和51年1月17日、青森県西津軽郡深浦町生まれ。安治川部屋。

※**2　北桜英敏**　昭和46年12月15日、広島県広島市生まれ。北の湖部屋。

※**3　豊桜俊昭**　昭和49年3月12日、広島県広島市生まれ。陸奥部屋。

※**4　露鵬幸生**　昭和55年3月9日、ロシア連邦北オセチア・アラニア共和国生まれ。大嶽部屋。

※**5　安治川部屋**　師匠は元横綱・旭富士。関取は安壮富士、安美錦、安馬。所在地は江東区千田。

※**6　若乃花勝**　第66代横綱。昭和46年1月20日、東京都中野区生まれ。平成10年名古屋場所新横綱。12年3月引退。１８０㎝、１３４㎏。優勝5回。年寄藤島を襲名したが、の

の本の中で語られた「品格」を解くキーワードが「惻隠《そくいん》の情」でした。ルーツは中国の古典『孟子』といわれています。辞書には「相手を哀れむ心、いたわしく思う心」と解説されていますが、藤原氏は武士道の精神の中に惻隠の情があると書いています。

実は相撲には、血を分けた兄弟が対戦することは、あまりにも残酷すぎる、つまりいたわしいという基本的な考え方が存在します。同部屋力士の対戦が組まれないのは、兄弟弟子が擬似的な家族の一員だからです。したがって、実の兄弟の対戦は部屋が違っていても組まれません。兄弟が互いに手加減して真剣勝負にならないから、などの理由ではなく、「忍びない」という、はなはだ日本的な惻隠の情が存在するからなのです。

現在、大相撲の取り組みは部屋別総当たり制[※9]といって、同じ部屋同士の力士は対戦しないルールになっています。この方式は昭和40年（1965）初場所から実施された制度で、それ以前は一門系統別総当たり制だったので、同部屋はもちろん一門・系統別の力士同士も対戦は組まれませんでした。高砂部屋[※10]の朝青龍と、同じ高砂一門である九重部屋所属の千代大海[※11]のカードは組まれなかったのです。制度を変更したのは、新しいファンの開拓が目的でした。相撲界としては大改革だった部屋別総当たり制がそれまで実現しなかった大きな理由が惻隠の情です。一門同士も兄弟弟子の絆で結ばれていると考えられていたからです。

ちに退職。

※7 貴乃花光司　現年寄貴乃花。第65代横綱。昭和47年8月12日、東京都中野区生まれ。平成7年初場所新横綱。15年1月引退。優勝22回。187cm、159kg。

※8 大嶽部屋　師匠は元関脇・貴闘力。元大鵬親方の女婿。所在地は江東区清澄。

※9 部屋別総当たり制　本場所の取り組みで、同じ部屋同士以外はすべて対戦する制度。

※10 高砂部屋　師匠は元大関・朝潮。関取は朝青龍、朝赤龍、皇牙。所在地は墨田区本所。

※11 千代大海　昭和51年4月29日、大分県大分市生まれ。九重部屋。

惻隠の情を持つ武士は、戦った相手に敬意を払わなければなりません。手を貸して相手を起こしてあげる動作もそのためです。勝ってガッツポーズをとるなどの行為は相手に敬意を表さない典型です。昭和59年初場所7日目、横綱・隆の里[※12]を破った逆鉾[※13]がガッツポーズをして、理事長室に呼び出され、厳重注意を受けたことがありました。

したがって、相撲には取り組み中に行ってはいけない禁手が「審判規則禁手反則」として8種類明記されています。①握り拳で殴ること、②頭髪を故意につかむこと、③目または水月《みぞおち》などの急所を突くこと、④両耳を同時に両手で張ること、⑤前立褌をつかむ、または横から指を入れて引くこと、⑥咽喉をつかむこと、⑦胸、腹をけること、⑧一指または二指を折り返すこと——です。取り組み中にこれらの禁手を用いた場合は、その時点で反則負けを宣告されてしまいます。ちなみに禁手がどのようなものかを観客に知ってもらうために、花相撲などで披露される初っ切りの中に組み込まれていますから、機会があったら見てください。

平成18年の九州場所8日目に横綱・朝青龍は奇襲戦法のけたぐり[※14]で稀勢の里を負かしましたが、場所後の横綱審議委員会[※15]で「品がない」と問題になりました。

相撲は確かに格闘技の一種ですが、ただ勝てばいいというものでは決してないのです。

※12　隆の里俊英　現年寄鳴門。第59代横綱。昭和27年9月29日、青森県青森市生まれ。58年秋場所新横綱。61年1月引退。１８２cm、１５８kg。優勝4回。

※13　逆鉾昭廣　現年寄井筒。昭和36年6月18日、東京都墨田区生まれ。最高位関脇。平成4年5月引退。１８２cm、１２４kg。

※14　けたぐり　立ち合い足の裏で相手の足首の内側をけり、同時に相手の腕を手繰るか肩をはたくかして土俵にはわせる。

※15　横綱審議委員会　横綱の推薦及びその他横綱に関する案件について審議し、日本相撲協会の諮問に答申し、あるいは進言する機関。昭和25年5月に設置された。定員は15名以内。

【こんなことをすると即、負け】

まげをつかむ　　のどをつかむ

なぐる　　腹をける

実力一本で優劣が決まる相撲の公平さ

部屋の師匠と米櫃《こめびつ》といわれる部屋の人気力士の師弟関係は、必ずしも円満ではありません。師匠は「俺がこいつを強くさせた」という思いがありますが、弟子は「おれは実力で強くなったんだ」と考えます。特に人気が出てきて、スポンサーからの収入が増えてくると、力士はどうしても「おれのおかげで部屋の財政が潤っている」と考えるようになります。

師弟は一見、親子のような関係に美化されがちですが、現実は必ずしもいい関係ではなく、ほとんど口もきかない師弟をたくさん見てきました。

このように師弟の関係が冷え切っていても、力士は本場所の土俵の上できちんとした実績を残していさえすれば、番付の地位は上がり、収入も増えていきます。

他のスポーツでは、なかなかこのようにはいきません。プロ野球を例にとるなら、実力はあっても監督やコーチと折り合いが悪いと、そもそも試合に出場する機会を減らされることがあります。ずっとレギュラーとして出場していた選手が急にスタメン落ちし、シーズンが終了するとトレードで他球団に移籍された、というようなケース

※1 **若羽黒朋明**　昭和9年11月25日、神奈川県横浜市生まれ。昭和34年九州場所新大関。同40年3月廃業。優勝1回。身長１７６cm、体重１５０kg。得意は押し。左四つ。昭和44年3月、34歳で没。

※2 **立浪部屋**　大正4年（１９１５）創設。現在の師匠は元小結・旭豊。

は、監督やコーチと反りが合わないケースが多く含まれています。

建前は個人の実力一本で優劣が決まるはずのスポーツ界なのですが、現実はサラリーマン社会の人事考課と同じように、１００パーセント客観的な評価はありえません。

マラソンのような個人競技ですら、１９８４年ロサンゼルス五輪の日本代表を選考したとき、日本陸上競技連盟は当時人気だった瀬古利彦選手に有利な取り計らいをし、ライバルの中山竹道選手が不満を漏らしたことがありました。

その点、相撲は公平です。昭和30年代に若羽黒[※1]という力士がいました。横浜出身で都会っ子の若羽黒はその言動から〝ドライ・ボーイ〟と呼ばれ、行動は当時の社会現象になった太陽族とほとんど変わりありませんでした。

国技館にアロハシャツを着て場所入りするなどは朝飯前、魚が嫌いなので部屋でのちゃんこは一切食べずステーキ一辺倒。ナイトクラブに頻繁に出入りして、聴く音楽もジャズといったモダンな私生活を送っていました。生活態度が飛んでいましたから、先輩にも敬意を表しません。大関に昇進し、昭和34年九州場所では13勝2敗で幕内優勝を果たしてから、ますます態度は大きくなりました。所属していた立浪部屋[※2]のある年寄がけいこを怠けていた若羽黒を叱責すると、公然と「親方、あんた番付はどこだい」と口ごたえをしていました。自己中心的で世間知らずのわがままな嫌われ者だったわけです。

こんな若羽黒のチマチマしない豪放さに「昔の相撲取りみたいだ」と惚れ込む後援者もいたのです。

車の免許を取りたがった若羽黒に、師匠の元横綱・羽黒山[※3]の立浪親方が裏から地元の警察署長に手をまわして何とか阻止しようとしましたが、別の警察管内で免許を取得してしまいました。

同じ時期に立浪部屋所属で活躍し、その後師匠の女婿として立浪部屋を継承した安念山[※4]が、素直な従順な性格で師匠にかわいがられただけに「どうせおれは半端者」とへそを曲げた若羽黒と師匠との関係は最悪でした。

結果的に、若羽黒は勝てなくなって廃業し、その後拳銃の不法所持で書類送検されていますが、現役時代はこのように顰蹙を買われていても、出場を制限されることはありませんでした。

その後昭和62年、同じ立浪部屋で、当時横綱だった双羽黒が後援者や部屋のおかみさんに暴力を振るって失踪したことがありました。世間的には「非常識極まりないためにやめさせられた」といわれていますが、実際は失踪した双羽黒に部屋付きの年寄で協会の理事を務めていた武隈[※6]が、戻ってくるように説得を試みています。最終的にはクビではなく、翌63年の1月に自らの意思で廃業届けを提出し、受理されて相撲界を去りました。

※**3　羽黒山政司**　第36代横綱。大正3年11月18日、新潟県西蒲原郡生まれ。昭和17年初場所新横綱。同28年9月引退。身長１７９cm、体重１３０kg。優勝3回。得意は左四つ、寄り、吊り。引退後年寄立浪を襲名、昭和44年10月、53歳で没。

※**4　安念山治**　昭和9年2月23日、北海道上川郡下川町生まれ。最高位関脇。昭和40年3月引退。優勝1回。身長１８１cm、体重１１１kg。得意は左四つ、下手投げ。羽黒山の女婿で、引退後は年寄立浪を継承。平成11年2月定年退職。

※**5　武隈**　元関脇・北の洋。現年寄武隈（元関脇・黒姫山）の岳父。平成14年1月、78歳で没。

※**6　移籍**　所属してい

このように師匠との関係がずたずたになっても、品行が決して方正ではなくても、あるいはまったくけいこをしなくても、本場所の土俵でそれなりの成績を収めている限り、また自ら引退の意思を発しない限り、力士は番付のしかるべき地位に四股名が掲げられ、土俵に上がる権利を剝奪されることはないのです。しいていえば、無気力相撲を指摘された場合に除名、引退勧告をされると規約には書かれてありますが、適用されたケースは過去一つだけ。それも出場停止処分で、やめさせられるところまではいっていません。

そのかわり、力士は現役でいる限り、プロ野球やサッカー選手のように相撲部屋間の移籍[※6]はできないルールになっています。

一見、相撲は封建的で、前近代的な制度がしかれているようなイメージをもたれがちですが、こと勝負に関しては公明正大です。

勝ち越してさえいれば、よほどのことがない限り番付は降下しません。他のスポーツで見受けられる代表選手の選抜や、レギュラー選手の人選での権力者の恣意的な人事への介入は入り込む余地がないのです。

大相撲は文字どおり裸一貫の実力の世界。〝選手〟の実績がフェアに評価され、待遇もオープンになっている正真正銘のプロ、といえるのではないでしょうか。

る相撲部屋が変わること。力士は原則として所属部屋を変更できない。部屋を運営する年寄の定年、死亡などで、継承者がいない場合は、理事会の承認を得て移籍することがある。年寄の移籍は許されている。

女性の観戦はなぜ禁止されていた？

毎年、初場所初日のＮＨＫ大相撲中継で必ず映される風景が和服姿の女性です。お正月の〝和〟の雰囲気に、国技といわれる相撲と和服姿の女性はぴったりマッチするのでしょう。女性の中にはいかにも粋筋といった雰囲気のきれいどころも確かにいますが、一般の女性ファンもけっこう国技館に足を運んでいます。自ら5歳のときからの相撲ファンと自認している脚本家の内舘牧子さんは、そんな一人だったそうで、とうとう横綱審議委員になってしまいました。

私と同じ時代の相撲担当記者の中にも女性がいました。彼女も子供の頃からの相撲ファンで、協会の役員に対してもまったくものおじしない取材姿勢と、ユニークな視点のコラムはなかなか秀逸でした。

いまや、あらゆるスポーツで女性の観客動員をどう上げていくかがマーケティングの大きなテーマになっていますが、江戸時代までの相撲は女性の観戦は禁止されていて、全面解禁になったのは明治5年（１８７２）11月場所の2日目からです。

なぜ女性の観戦が禁止されていたかについては、女性が男性の裸を見るのは、儒教

※1 **千秋楽**　能「高砂」の終わりにある文句。演能の最後に謡ったため、演劇、相撲など興行の最終日を指すようになった。略して「楽」と呼ばれている。

的な倫理観、あるいは風紀上よろしくないから、という説が一般的です。しかし、江戸時代、町々にあった銭湯は、入り口と脱衣所こそ男女別々になってはいたものの、中は男女が同じ湯船に浸かる混浴でした。何度も禁止令が出されましたが、実際には守られず、取り締まるほうも大目に見ていました。そのような中で「風紀上の問題」はあまり説得力を持たない感じがします。

宗教的な要因も指摘されています。相撲のルーツは第3章で述べたように五穀豊穣を祈願する農業国・日本の神事にあるといわれています。日本人は古来から「清浄」を尊び、「穢れ」を嫌う価値観を守ってきました。その中で、女性特有の月経や出産は「血の穢れ」とみなされていたので、よって女性は不浄だから観戦できなかった、という説です。

しかし、江戸の勧進相撲では一定の日に限って、女性に観戦が開放されていました。一定の日とは千秋楽[※1]で、別名「おさんどん相撲」と呼ばれていました。その意味では、女性穢れ説もいまひとつ説得力がありません。

おさんどんとは、現在では「台所仕事」の意味で使われていますが、当時は台所で働く炊事係の女性の総称でした。「おさんどん相撲」の呼称は当時の働く女性の代表者であるおさんどんたちが見に行ける相撲という意味とともに、おさんどんのような人でも見に行けるような（たいしたことのない）相撲、という意味が込められています。

　どうしてかというと、当時の千秋楽は幕内力士は出場せず、取り組みは幕下以下の力士だけで、いってみれば二軍選手の消化試合のような興行だったからです。

　江戸時代、なぜ女性の相撲観戦が許されなかったのかの理由の一つは、安全性の問題です。「江戸っ子は皐月の鯉の吹流し　口先ばかりではらわたは無し」と狂歌に詠まれているように、火事と喧嘩が大好きな直情径行タイプが典型的な江戸っ子のメンタリティーでした。その証拠に、落語の中の江戸っ子は「おれは相撲を見に行って五体満足で帰ってくるようなドジな男じゃねえ」と啖呵を切ります。夏目漱石の『坊ちゃん』には、江戸っ子の坊ちゃんが、山嵐と一緒に宿敵赤シャツの理不尽を質《ただ》しにいくとき、「回向院の相撲のような心地よい喧嘩はできそうにない」と弱気になっている箇所があります。

　つまり、当時の相撲観戦は桟敷席で「○○山、がんばれ」と声援を送ると、対戦相手の贔屓がその隣で「△△海、負けるな」と逆を強調します。これが何回か続くと、そのうち「なにお、この野郎」という一触即発の状態になり、勝負が決まると、勝ったほうの力士の贔屓は「ざまあ見やがれ」と捨て台詞《ぜりふ》を吐きます。そのような雰囲気ですから観客同士の喧嘩はしょっちゅうで、血気盛んな若い男性の江戸っ子は、喧嘩によるストレス解消が相撲観戦の大きな目的でした。「五体満足で帰ってくる」ようでは、本来の相撲観戦ではない、というわけなのです。

江戸時代、相撲が職業化していく過程で「辻相撲」という形態がありました。都市部の町辻や川原の空き地などで行われ、集まった観衆から祝儀を集めた、と文献などには書かれていますが、要は賞金稼ぎの力自慢による〝ストリートファイト〟です。勝負事ですから当然、賭けが行われます。博打ですから、みんな熱くなり、勝った負けたの口論や刃傷沙汰はつきものです。風紀上問題があるので、徳川幕府は慶安元年（１６４８）から宝暦4年（１７５４）までの１００年あまりの間にこの辻相撲禁止令を20回以上も出しているのです。

このような荒々しい雰囲気は、18世紀の後半から江戸勧進相撲の形式が整えられるに従って減ってはきましたが、やはり観戦する庶民、特に男性にとっては、相撲は血湧き肉踊るイベントです。夏目漱石が坊ちゃんの口を借りて言っているように、明治になってからも、相撲観戦は「心地よい（ストレスが発散できる）喧嘩」のイメージがあったのです。

相撲が女性の観戦を禁止していた理由は、女性蔑視などではなく、女性の安全を念頭においた、むしろ優しさゆえの措置だったのではないでしょうか。

脇役たちも日本文化の伝承者

相撲の主役はもちろん力士ですが、その周辺に存在する脇役たちも相撲の持つ様式美を際立たせています。その中で、烏帽子《えぼし》※1・直垂《ひたたれ》※2姿の行司は最たるものではないでしょうか。

行司は一般的には相撲という競技の審判のように思われていますが、実際は競技の進行役で、判定業務は競技進行業務の中の一部でしかありません。寄附行為施行細則附属規定の「審判規則　行司」の第2条には「行司は、両力士が土俵に上ってから競技を終えて土俵を下りるまで、その進退に関して一切の主導的立場にある。即ち、競技の進行及び勝負の判定を決するものである」と進行役である点を強調しています。勝敗に関しては「いかなる場合においても、東西いずれかに軍配を上げなければならない」(同第4条)と、第一次的判定者であることを明記していますが、物言いの場面でもわかるように、最終的な判断は審判委員が握っています。

行司は力士と同様、相撲部屋に所属しています。相撲協会所属の行司としての仕事は、取り組みの進行役のほかに、土俵祭の祭主、番付の作成、館内アナウンス※3などで

※1　烏帽子　烏の羽根のように黒く塗った帽子。元服した男子が着用する。紙製で黒漆で塗り固めてある。

※2　直垂　鎌倉時代以降の武士の出仕服。

※3　館内アナウンス　放送席は西側花道に面した最前列桝席。場内放送係の行司が行っている。大正14年から開始、昭和7年からは、上位の、昭和62年7月からは全取り組みの決まり手を発表するようになった。

※4　裃　江戸時代の武士の礼装。麻の上下が正式。

※5　行司の階級　最高位が立行司。以下順に三役、幕内、十枚目、幕下、三段目、序二段、序ノ口と8階級に定められている。階級によって装束が定

すが、所属部屋では事務一般を担当しています。協会などへの各種届出書類の作成、後援会などへの案内状の作成と配布等々はすべて行司の担当で、会社でいえば庶務係のようなものです。

　行司がまとう衣装（行司装束）は、江戸時代から明治までは麻裃《かみしも》[※4]でしたが明治43年（１９１０）5月から現在の烏帽子・直垂姿になりました。

　テレビで行司を見るときのポイントは軍配の房の色です。これは行司の階級[※5]によって規定があり、勝手な色は使えないことになっています。具体的には立行司の木村庄之助[※6]と式守伊之助[※7]はそれぞれ、庄之助が総紫、伊之助が紫白。三役行司は朱色、幕内は紅白、十枚目は青白、幕下以下は黒または青です。足元は、幕下以下は裸足、十枚目と幕内以上は白足袋、三役以上はその上に草履を履いています。

　立行司は短刀を携え、間違ったときにはいつでも責任を取って切腹します、という姿勢を示しています。

　行司は一見、年功序列ですが、実績も昇進に加味されます。差し違え[※8]が多いか少ないか、事務処理の的確さ、故実の知識などが考課の対象で、審判部長、同副部長、巡業部長、指導普及部長、監事が人事考課を行い、毎年秋場所後の理事会で行司の階級順位の昇降を決めることになっています。

　私がびっくりしたのは、行司にも力士と同じように後援者がいることでした。行司

められている。

※6　木村庄之助　行司の最高位を示す名跡。立行司をつとめ、通常、結びの一番のみをさばく。

※7　式守伊之助　木村庄之助とともに立行司をつとめる名跡だが、木村庄之助の次位になり、結びの二番前をさばく。

※8　差し違え　行司が敗者の側に軍配を上げること。また、行司の判定に物言いがつき、協議の結果判定が覆った場合をいう。なお、立行司に差し違えがあった場合には、その日のうちに審判長とともに理事長に対して口頭で進退を伺うことが定例化している。

の装束や軍配はほとんどが後援者からのプレゼントなのです。

呼び出しの仕事は、大きく三つに分かれています。一つはおなじみの力士の名前を紹介する呼び上げ、次が太鼓の打ち分け、そして土俵の構築です。以前は、呼び出しは分業制をとっていて、土俵造りはひたすら土木作業に従事し、呼び上げはやりませんでした。昭和40年からこういった分業制が改められ、全員がすべての業務をこなせるようなシステムに変更されました。

かつては声がよくてお客さんの視線を浴びる呼び上げが花形で、土俵造りは一段低く見られていました。しかし、土俵造りはすべてが手作業で、そのうえ経験と勘が重要な職人仕事なので、今では全員総出で土俵築《どひょうつき》※9を行います。

特に土を詰めた小俵の断面を涙型に成型するために、ビール瓶の腹で俵をたたく作業は、微妙な感覚が要求されます。海外公演での土俵造りにはこのビール瓶まで日本から持参するほど職人らしいこだわりを持っています。

行司も呼び出しも、定員は45名以内と規定され、義務教育を終了した19歳までの男子であることが採用基準です。

そのほか、年寄でもなく、行司・呼び出しでもない協会所属の雑用係に「若者《わかいもの》頭《がしら》」と「世話人」がいます。両方とも、十枚目力士・幕下力士で現役を引退した後に協会に採用された者で、定員は若者頭が8名で世話人が13名。通常、現役時代の四股

※9　**土俵築**　「相撲規則　土俵規定」に沿った仕様で、土俵を造ること。呼び出し全員で作業する。

名で呼ばれています。

「かしら」と呼ばれている若者頭は文字どおり、幕下以下の力士養成員の監督に当たるのが仕事で、本場所中は支度部屋と土俵の間を行ったり来たりしながら、三段目や序二段の力士を叱り飛ばしています。

世話人は、一言でいうと用具係。千秋楽に優勝賜杯を用意したりするのが仕事です。ＮＨＫのテレビ中継の最後に時々映される、カバーがかけられた土俵の周りに、青いジャンパーを着て佇んでいるのが世話人です。

床山は力士の髪を結う専門職です。協会全体での定員は50名以内。行司や呼び出しと同様に各相撲部屋に入門しますが、床山がいない部屋に優先的に配置されます。

相撲界にはこのように、力士や親方のほかにもさまざまな人間が暮らしています。そしてそれぞれが技術を持ち、それを後輩に伝承しています。短時間に大銀杏を結い上げる床山、呼び出しの土俵築などはその最たるものなのです。

COLUMN 5

国技と国技館

相撲は日本の「国技」といわれているが、相撲に「国技」の文言が使われるようになったのは、それほど古いことではなく、明治42年（１９０９）、両国に初の相撲常設館が完成したときである。

両国の回向院境内に建てられたこの相撲常設館の名称は、完成するまでは単に「常設館」と呼ばれていたが、いよいよ完成する段になってきちんとした名称をつけなければ、ということになり、当初は「尚武館」「武道館」などが候補に挙がっていた。

そんな中、当時の作家・江見水蔭が起草した、常設館開設の挨拶文の文言にあった「相撲は日本の〝国技〟にして……」の下りを発見した年寄尾車が「国技のやかたで国技館というのはどうだろうか」と思いついた。

当時、相撲常設館命名委員会の委員長だった板垣退助が、この尾車の提案に「それはなかなかいい名前だ」と賛同し、「国技館」となったいきさつがある。

つまり、相撲＝国技はこの「国技館」の命名から広がったもので、相撲という競技自体がそれ以前から「国技」と呼ばれていたからではなく、たまたま挨拶文の中にあった文言だっただけなのである。

ちなみに両国国技館に先立って開設された柔道の常設館は「講道館」と名付けられたが、このときもし「国技館」の名称が使われていたら、相撲＝国技＝国技館は存在していなかった。

そう考えてみると、この国技館というネーミングは、その後の相撲を考えると一大転機だった。相撲は昔から日本を代表する伝統競技、つまり国技であるというイメージを国民の間に植えつけたのだから、マーケティング的には大成功した命名だったといえる。

第六章◇相撲の経済学

力士の月給はサラリーマンと同じ

プロ・スポーツ界は腕一本で金を稼ぎ出す完全実力主義の世界、と一般的にはいわれています。「実力の世界」ですから、多くのプロ・スポーツ選手の収入は、ゴルフや競輪・競馬・競艇のように試合で賞金を稼ぐか、あるいはサッカーや野球のように実績を反映した年俸で契約するかが主流で、地位と年齢と実績を基準にして給料が決まる多くのサラリーマンとはまったく違うシステムで成り立っています。

ところが、同じプロでも力士の収入は、地位に応じた月給制と、それを補完する褒賞金制度（後述）で構成されています。大きく捉えると、月給で収入の安定を図り、褒賞金でプロとしてのインセンティブを演出しているわけですが、まずは月給制がどうなっているのかを説明しましょう。

日本相撲協会は、力士個人の給与は明らかにしていませんが、給与体系に関しては「寄附行為施行細則」第77条で「力士の給与は月給制とし、当分次の通り定める」と明記しています。給料のランクは横綱、大関、三役（関脇・小結）、幕内、十枚目の５階級で、金額は上から、２８２万円、２３４万７０００円、１６９万３０００円、

※1　**本場所特別手当**　出場日数によって異なり、11日間以上は全額、6日以上10日以内は3分の2、5日間以内は3分の1、全休力士には支給されない。

※2　**宿泊費・日当**　十枚目以上の関取を対象に、年3回の地方本場所ごとに支給される。日数は35日。金額は合わせて1日当たり横綱1万１０００円から、十枚目６５００円までに分かれる。

※3　**力士補助費**　十枚目以上の関取を対象に、年3回の東京本場所ごとに支給される。名目は化粧まわし、髪結いの費用、締め込み（まわし）などの費用。金額は一律で平成19年1月現在1場所2万５０００円。

※4　**場所手当**　幕下以

１３０万９０００円、１０３万６０００円となっています（平成19年１月現在）。

　そのほか、年６回の本場所ごとに三役以上に支給される本場所特別手当※1が横綱20万円、大関15万円、三役５万円。年３回の地方本場所に支給される35日分の宿泊費と日当※2、東京での本場所に支給される力士補助費※3が加わります。

　支給単位は本場所ごとで、たとえば１月の初場所で負け越し、場所後の番付編成会議で翌場所の十枚目陥落が決定したとしても、２月分の給料は幕内の金額が支給されます。

　ちなみに幕下以下の正式な身分は「力士養成員」なので、それぞれの相撲部屋での衣食住は保証されているものの、給料は支給されません。そのかわり地位に応じた場所手当※4が支給されています。

　この数字をすべて足してみると、最高位の横綱は３６２７万円、最低の十枚目は１３１９万円になります。２００６年のプロ野球選手７４３人の平均年俸（推定＝「プロ野球12球団支配公示選手の年俸総額と平均年俸」による）が３７５１万円ですから、平成19年１月現在、日本にたった一人しかいない横綱の給料は、プロ野球選手の平均よりも下回っています。

　実際の力士の年収は月給だけではないので、単純には比較できませんが、プロの一流選手としては意外に低い金額です。


下の力士に本場所ごとに支給される手当。平成19年１月現在、序ノ口７万円、序二段８万円、三段目10万円、幕下15万円。

プロ野球とのもう一つの違いが、選手間の収入の差です。２００６年のシーズンで最も年俸が高かったのが福岡ソフトバンク・ホークスの松中信彦選手で、推定年俸は５億円でした。低いほうでは、日本一に輝いた北海道日本ハム・ファイターズの捕手で、プレーオフや日本シリーズでマスクをかぶり、76試合に出場して２割４分１厘の打率を残した鶴岡慎也選手です。こちらの推定年俸は６３０万円。その差は79・４倍です。

鶴岡選手はシーズン途中から頭角を現したとはいえ、１軍に定着していた選手ですから、大相撲にたとえるなら幕内下位あたりの実力です。契約更改で２００７年の推定年俸は２０００万円に上がりましたが、それでも５億円の松中選手の25分の１でしかありません。

大相撲で横綱と十枚目の給料の差は２・７２倍、横綱と幕内との差は２・１５倍しかありません。スポーツ界では「優勝以外は２着も10着も同じ」というナンバー・ワン至上主義の価値観が厳然として存在します。その証拠に、ゴルフや競輪・競艇といった賞金が収入となっているプロ・スポーツでは優勝と２位との賞金額は３分の１から半分ほどの格差がつけられています。

その点、相撲のナンバー・ワンは金銭的にはあまり恵まれているとはいえません。江戸時代から現在までに実在した横綱は65人、大関は１７８人います。大関に昇進した力士の4人に1人しか横綱にまで出世できないほど、最高位への道は狭き門なのですが、給料面での横綱と大関の差はわずか1・2倍しかありません。

実力に応じて格差がどんどん広がっていくという、私たちがイメージしているプロ・スポーツ社会の常識からすると、相撲界の給料はかなり上に薄く下に厚いシステムになっています。むしろ、社長の年収とヒラ社員の年収の差が5倍くらいしかないといわれている、定年まで勤め上げることを前提として成り立っていた日本の年功序列の賃金体系と似ています。

実は、相撲界は個人が中心に成り立っている組織ではなく、金銭的には突出した個人をなるべく作らず、組織全体がまんべんなく発展していくことを前提とした考えが根底に存在するのです。力士の収入の二本柱の一つである月給制は、最近はやりの勝ち組、負け組をなるべく作らない、部分最適よりも全体最適を優先して構築されているといってもいいでしょう。

そうはいっても、力士はプロです。上に薄い給料では、必死に精進するモチベーション（動機）が失われ、サラリーマン化してしまいます。それを防ぐために考えられたもう一つの給料システムが褒賞金制度です。

相撲界では力士の定着を図るため、一方で安定した収入を月給制で保証しつつ、片方の褒賞金制でやる気を喚起させているのです。

「褒賞金」システムの面白さ

「今日の一番は給金相撲ですからね」「昨日給金が直ったので、今日からは思いっきり取れるでしょう」——テレビやラジオの大相撲中継を聴いていると、このような表現がひんぱんに出てきます。相撲担当記者になる以前は、「給金」とは勝ち越すこと、勝ち越すと一様に力士たちが喜ぶのは、次の場所の番付が上がるからだと漠然と思っていました。

ところが、前述したように幕内の月給は前頭筆頭も15枚目も同じ金額です。番付が二、三枚上がっても即収入増にはつながりません。なのに、なぜ力士たちは喜ぶのか……。

この疑問は担当記者になったとたんに解けました。「給金」の文言どおり、勝ち越しは次の本場所からの収入増につながるのです。それも現役力士でいる限り決して下がることがなく累積されていく収入です。実はこの「給金」が力士の〝実績〟を金銭に置き換えた相撲界独特の賃金システムで、二本立ての給料の一本として、力士にインセンティブを与えているのです。

※1 **金星**　平幕力士が横綱から得た勝ち星。相撲界の隠語で「美人」のこと。

「給金」とは古い時代の呼称で、現在の正式呼称は「力士褒賞金」です。寄附行為施行細則に細かく明記されているほどオープンなのですが、仕組みがいささか複雑なので、一般には今ひとつ理解されていないようです。しかし、相撲協会の力士の報酬に対する基本的な考え方を知るうえで、褒賞金制度は避けて通れないシステムなので、少々くどくなるかもしれませんが説明しておきます。

まず、力士には序ノ口から横綱まで個人別の「支給標準額」が存在します。全力士が3円からスタートし、これに成績が加算されていきます。

成績は勝ち越し1点が50銭（0・5円）、金星[※1]が10円、幕内優勝30円、幕内全勝優勝50円です。

具体的に説明します。力士・Aノ山は入門してから5年で十枚目に晴れて昇進することになりました。それまでの5年間の成績は120勝90敗、勝ち越し点数は120マイナス90で30点でした。Aノ山の支給標準額はこの時点で30×0・5円＝15円です。

しかし、この制度には地位ごとに定められた「最低支給標準額」があります。これが十枚目で40円、幕内で60円、大関100円、横綱150円です。Aノ山の累積支給標準は15円。十枚目の最低支給標準額である40円に満たないので、新十両からは最低額の40円に嵩《かさ》上げされます。

その後、Aノ山は2年で幕内に昇進しました。支給標準額は60円になりました。1

年が経過しました。進境著しいＡノ山の1年間の成績は49勝41敗。勝ち越し点数は８点です。それに前頭筆頭まで番付が上がったときは、５勝10敗と負け越したものの、初めて対戦した横綱に土をつけ、金星を挙げました。この時点でのＡノ山の支給標準額は60＋０・５×８＋10＝74円になります。

実際にはこれを４０００倍した金額[※2]が支払われるので、Ａノ山の力士褒賞金は29万６０００円です。

褒賞金が受け取れるのは十枚目に昇進してからで、幕下までは加算はされるものの実際には支給されません。そして、負け越しても、休場しても、時間が経過しても、一切減額はされず、年６回の本場所ごとに現金で支給されます。

平成18年九州場所終了時点での横綱・朝青龍の支給標準額は９０４円の４０００倍で３６１万６０００円です。引退でもしない限り、平成19年の１年間で、朝青龍は３６１万６０００円×６＝２１６９万６０００円の褒賞金が保障されます（勝ち越したり、優勝すれば、これに加算される）。

これを新入幕の力士の60円×４０００×６の年間１４４万円と比較すると、その差は15倍。月給の格差が２・１５倍ですから、褒賞金は、がんばればその分の報酬が増えていく、プロ的で努力のしがいがあるシステムになっているのです。

褒賞金の加算項目で注目すべきなのが金星です。一つの金星が10円ですから勝ち越

※2　４０００倍した金額　その時々の社会状況をみて、支給標準額の掛け率を変えている。平成9年までは２５００倍だった。

※3　土佐ノ海敏生　昭和47年2月16日、高知県安芸市生まれ。同志社大卒。伊勢ノ海部屋。

※4　栃乃洋泰一　昭和49年2月26日、石川県七尾市生まれ。拓殖大学卒。春日野部屋。

し20点分に相当、たった１勝が４場所連続10勝５敗と同等の金銭的な価値を持っているのです。

平成18年九州場所終了時点での現役力士の支給標準額を調べてみると、魁皇４１９・５円、栃東２９５・５円と、さすがに大関が上位にランクされています。しかし、５位に土佐ノ海[※3]の２１６円、７位が栃乃洋[※4]で１９９・５円。内訳をみると両力士ともに金星が11個。金星ゼロの力士とは年間２４６万円の差が存在するのです。

このように褒賞金は力士の努力を促進するインセンティブ効果とともに、長く現役でがんばる力士に篤い、相撲社会の理念が垣間見られます。短期間の一攫千金よりも、実績には報いる一方で、地道な努力もきちんと評価する考え方が根底に流れているように思えます。

確かに、負けても減額されないシステムは、陥落してもなかなか引退しない元大関の存在など、業界の新陳代謝を妨げる要因の一つにもなっています。しかし、大相撲がここまで崩壊せずに続いてきた背景には、生き馬の目を抜くような殺伐とした弱肉強食ではない、厳しい中にも競技の主役である力士に対しての温情が存在したからではないでしょうか。

大相撲界の二本立ての給与システムの中に、勝ち組、負け組をあえて作らない、メンバー全員の繁栄を念頭に置いた日本的な合理性が見えるのです。

あなたも出せる「懸賞」の仕組み

フィギュアスケートでは演技が終了すると、よく観客席から花束が投げ込まれます。係員がその花束を回収しているシーンはもうテレビでおなじみになりました。同じように今でも田舎の演芸大会などでは、舞台の袖に割り箸にはさんだ１０００円札が置かれることがあります。

相撲も、江戸から明治にかけて同じようなシーンが見られました。相撲の場合、投げるのは観客が着ている羽織でした。これを「投げ纏頭《はな》」と称し、取り組み終了後、力士の付け人や呼び出しが羽織をお客さんに返却しに行くと、そこでご祝儀と交換されました。明治42年、この投げ纏頭は「品がない」という横綱・常陸山の鶴の一声で禁止になりましたが、地方巡業などでは昭和30年代のはじめまで纏頭の慣習は残っていました。先輩記者が「地方巡業で若乃花（初代）が勝って花道を引き揚げていくとき、汗をかいた背中に１００円札がべたべた張られたシーンを見た」と言っていました。

懸賞の起源は、平安時代の相撲節で、勝者に米や絹などの織物が贈られたことに発し、その後、武家相撲では弓矢などの武具を贈ったことが現在の弓取式につながり、

※1　5万5000円　熨斗（のし）袋に入っている金額は3万円。2万5000円は相撲協会が確定申告時の支払いのために本人名義で積み立てている。

※2　朝青龍明徳　第68代横綱。昭和55年9月27日、モンゴル・ウランバートル市生まれ。高砂部屋。平成15年春場所新横綱。

※3　琴欧洲勝紀　昭和58年2月19日、ブルガリア・ベリコタロノボ市生まれ。佐渡ケ嶽部屋。

※4　出島武春　昭和49年3月21日、石川県金沢市生まれ。中央大学卒。武蔵川部屋。

江戸時代の勧進相撲で一般化しました。このような伝統を様式化したのが、現在の懸賞制度です。

　力士の収入は月給と褒賞金の二本立てですが、この懸賞金もばかになりません。懸賞は１本が６万円。そのうち５０００円が取組表掲載料と場内放送料として引かれるので、力士の収入は５万５０００円です[※1]。平成18年1年間での最多懸賞金獲得力士は朝青龍[※2]の６１１６万円。本数は１１１２本で一日平均12・４本、約68万円になります。これは横綱の月給（年間３６２７万円）をはるかに上回る１・７倍の金額です。

　懸賞金獲得額は人気と実力の証明です。人気があってスポンサーが多ければ、かけられる懸賞は多くなります。懸賞旗の数がその尺度となります。しかし、懸賞は個人にではなく取り組みにかけられるので、勝たなければ手にすることはできません。平成18年の年間ベスト5は①朝青龍、②栃東、③白鵬、④琴欧洲[※3]と、上位力士が顔をそろえていますが、５位に１６６５万５０００円の高見盛がランクされています。

　平成18年の高見盛の番付はすべて平幕で、成績は46勝44敗。同じような平幕で47勝43敗の出島[※4]の獲得賞金は２０９万円。両力士ともに休場はありませんから、この差１４５６万５０００円はかけられた懸賞の多寡です。高見盛はコマーシャルに出演している永谷園がすべての取り組みに懸賞をかけているので、月給（年間１６５３万円）と同等の懸賞金を手にすることができたのです。かつてある横綱が「おれたちも人気商売だからね」と言っていましたが、まさに高見盛はその独特のパフォーマンスが人気になり、贔屓がつき、それが直接収入に結びついている典型的な例といえます。

懸賞はルールさえ踏めば誰でもかけることができます。実際、日本相撲協会の公式サイトを検索すると、「あなたも懸賞を出すことができます」と大きく書かれています。条件は一場所5本（30万円）以上、懸賞旗[※5]は自費、申し込みは取り組みの4日前までで、取り組みの指定は前日午後2時締め切り。取組表掲載と場内アナウンス時のために15文字以内の「キャッチコピー」をつけられることと、旗を製作している業者の連絡先まで掲載されています。NHKのテレビ放送では、懸賞旗が土俵を一巡するとき、意識的にカメラを引いていますが、場内の観客にはプログラム（取組表）掲載、場内アナウンス、旗の掲示という3通りで告知ができ、その金額は1回6万円。スポンサー・メリットとしては決して高くはない金額です。

懸賞金は、力士の手取り3万円が紅白の水引がかけられた立派な熨斗袋に入れられて、勝ち名乗りを受けるときに、行司が軍配に載せて差し出します。これを力士は手刀を切って[※6]受け取ります。受け取った後は、付き人に渡し、付き人は熨斗袋の水引に、外した下がり[※7]をはさんで持ち歩きます。中身を抜いた後の熨斗袋は縁起物なので、懸賞をかけてくれた後援者やよく行く飲み屋さんにプレゼントします。

力士にとって懸賞も大事な収入源。人気も実力のうちなのです。

※5　懸賞旗　スポンサーの企業名や商品名を染め抜いた旗。呼び出しが掲げて土俵を1周する。縦１２０㎝、横70㎝。

※6　手刀を切る　懸賞を力士が受け取るときの作法。5本の指を伸ばし、軍配に向かって左・右・中の順で手刀を切る。五穀の守り三神である神産巣日神（かみむすびのかみ＝左）、高御産巣日神（たかみむすびのかみ＝右）、天之御中主神（あまのみなかぬしのかみ＝中）への感謝を表している。

※7　下がり　締め込みの間に挟んでたらす飾り。土俵上で前を隠す意味で着用されている。関取の下がりは、締め込みと同じ布の縦糸だけを束ね、ふのりで棒状に固め、先端を平たくつぶして作る。

【懸賞金は力士の人気のバロメーター】

この袋は縁起物なので、後援者や行きつけの飲み屋さんへプレゼント
なぜか懸賞袋の水引にさかりを通します

年寄は65歳まで年収1500万円

相撲界には親方と称されるOB（年寄）がいますが、たとえ関取にまで昇進しても、全員が日本相撲協会所属の年寄になれるとは限りません。引退後の生活を相撲協会が担保してくれる年寄制度ですが、年寄になるには現在三つの方法があります。

一つは、年寄名跡を取得する道です。この場合、現役時代の実績などの資格が必要になります。幕内を通算20場所以上、幕内・十枚目を通算30場所以上、三役を1場所以上のいずれかに該当し、かつ日本国籍を有している者に限定されています。

年寄名跡の数は105と決まっています。したがって資格条件をクリアしても、名跡が余っていなければ取得できません。平成19年1月時点で空いている年寄名跡はたった四つです。名跡は個人の持ちものなので、取得するには、名跡を保持している個人（たいていは協会を退職する年寄）から買うか、借りるしか方法がありません。買う場合の価格は、以前は明らかにされていませんでしたが、平成15年に裁判所が1億7500万円※1という数字を示しています。

二つ目は現役時代の四股名のまま残る道です。ただし期限つきです。横綱は5年間、

※1　1億7500万円　立浪部屋の譲渡に絡み、先代立浪（元安念山）が現立浪（元旭豊）に年寄名跡譲渡の金額を要求。裁判になり、東京地裁は年寄名跡の財産価値を認めて、平成15年2月、現立浪に1億7500万円の支払命令を下した。その後最高裁までもつれ込み、結局、現立浪が逆転勝訴した。

※2　準年寄　平成10年4月に理事会で新たに制定。年寄襲名資格を得た関脇以下の力士が「準年寄」として2年間在籍できる制度。年寄名跡の絶対的な不足に対する救済措置だったが、平成18年12月に廃止された。

※3　1500万円　真石博之著『「うっちゃり」はなぜ消えたのか』によ

大関は3年間。三役以下は「準年寄[※2]」と呼ばれ、2年間は年寄として残れる制度がとられていましたが、経費削減のため平成18年12月になくなってしまいました。

三つ目は一代年寄です。条件は、協会に著しい貢献をした横綱で、過去に大鵬、北の湖、貴乃花の3人しかいません。

年寄名跡を襲名すると、65歳の定年まで協会に勤務することができます。力士の引退年齢はだいたい32歳くらいなので、中学を卒業して入門した力士の現役期間は17年、大学出ではたった10年です。

年寄の定年は65歳ですから、親方人生は30年以上もあります。その間、協会から支払われる給料は、全年寄の7割を占める委員クラスで、一部上場企業部長並みの年間約1500万円[※3]です。

力士とて人の子、まして家族を抱えていれば〝老後〟を意識するのは当然です。できれば、期限付きや、借り名跡ではなく、きちんとした年寄名跡を手に入れたいのが人情です。

年寄名跡を簡単に入手する最も恵まれた方法は、師匠の娘婿になることです。最近の例では、元関脇・琴ノ若[※4]が、先代佐渡ケ嶽親方（元横綱・琴櫻）が65歳の定年を迎えた平成17年11月にあっさり引退し、年寄名跡と部屋をそっくりそのまま継承しました。

ると、年寄の中で最も人数の多い「委員」の年収は月給、賞与等を合計すると1521万円となっている。

※4　琴ノ若将勝　昭和43年5月15日、山形県尾花沢市生まれ。最高位関脇。192㎝、176㎏。得意は突っ張り、右四つ、寄り、上手投げ。

しかし、すべての力士が師匠の娘婿になれるわけではありませんから、現役力士は自身の力の衰えを察知し始めると、年寄名跡の取得を真剣に考え始めます。

かつては一門の中の師弟関係で譲渡されていた年寄名跡ですが、最近は一門の垣根は取り払われ気味で、人間関係と譲渡時の価格が決め手になっています。悲惨なのは、自分は早く引退したいのに、なかなか年寄名跡取得のめどが立たない力士です。

私が相撲担当記者時代、ある口の悪い親方が「土俵際で無理に残さない奴は、株※5（年寄名跡）を手に入れていないんだよ。ケガしないようになるべく長く現役を続けたいからな」と言っていたことを思い出します。逆に、現役中に早々と年寄名跡を取得してしまった力士は、後顧の憂いなく相撲に打ち込めます。

実際、平成19年初場所時点ですでに年寄名跡を取得した現役力士が６人存在し、その中の４人は、自らが引退するまで、名跡を取得できなかった年寄に一時的に貸しています。

こうみてくると年寄制度は力士の再雇用制度とも位置付けられます。今でこそ大学出の力士が多くなってきたものの、相撲界は基本的には中卒で飛び込む閉鎖性の強い社会です。一般社会とはかなりかけ離れた文化と価値観の中で、現役を引退するまで過ごします。

極端な話、身に着ける衣服は着物とジャージだけ。きちんとした洋服は学生服以外

※5　株　年寄株、親方株などともいわれる年寄名跡の俗称。

※6　藤ノ川祐兒　昭和35年８月20日、愛知県大府市生まれ。同志社大卒業後入門。最高位前頭３枚目。身長１９３cm、体重１４１kg。昭和62年７月廃業。その後、筑波大学大学院でコーチ学を専攻し、現在は東海学園大学相撲部監督。

着たことがない力士も珍しくありませんでした。プロ野球やサッカーなどと違って、明日から背広を着てサラリーマンになれといっても、そう簡単にできるものではありません。

タレントに転身した舞の海や、教員免許を取得して東海学園大学に就職し指導者となった元前3・藤ノ川[※6]の服部祐兒氏などはきわめて特殊な例で、いくら元関取でも30歳を過ぎた元力士の一般社会での就職先は皆無といってもいいでしょう。

そのため、引退した力士の受け皿として、相撲協会は理事長から場内警備まで、定員105人の年寄というOB枠を再就職先として確保しているのです。ただし、誰もが再就職できるわけではなく、競争の原理を導入して、現役時代にそれなりの実績を残した（収入を得られた）力士に有利なルールを作っています。

見方を変えれば、現役時代の報酬がプロ野球などの他のプロ・スポーツ選手と比べて比較的低く抑えられているのは、相撲協会が力士の〝老後〟を想定して若い頃の賃金を意識的に抑制しているともいえるわけです。その点、経済学者の中島隆信氏が『大相撲の経済学』（東洋経済新報社）で書いているように、「年寄名跡は年金証書」ともいえるのです。

このあたりにも弱肉強食ではない、相撲協会という〝一家〟が功績のあった力士を一生めんどうみようという相撲界の日本的な温かさを感じることができます。

まげを切ったらサラリーマン

相撲担当記者時代、引退間際の幕内力士が「おれたちはちょんまげをつけているうちが花。ちょんまげがなくなったらただの人」と自嘲的に言っていたことがありました。関取ともなれば、自分の身の回りの世話をしてくれる付け人が、たいていの雑用はやってくれます。後援者のところに行けば、黙っていても祝儀が渡されます。基本的に人に頭を下げることはありませんし、第一、力士は堂々としていること、むやみに卑屈になってはいけないと、新弟子のころから教育されます。

ところがいったんまげを切ってしまうと、「ごっつぁん」だけでは世の中は通りません。年寄名跡を取得して親方と呼ばれるようになったら、本場所中こそ付け人がいますが、プライベートは単独行動、人にも頭を下げなければならないし、相撲界以外の人との打ち合わせや交渉にも参加しなければなりません。つまり、発想の切り替えが要求されるのです。

このように〝一般人〟に復帰するための〝リハビリ教育〟として今でも行われているのが、地方巡業[※1]の先乗りです。興行に先立って現地に乗り込み、関係者と協議しな

※1 巡業　地方で興行する本場所でない相撲。現在協会の巡業部が実施・運営を統括している。巡業には巡業部長、副部長、各一門から審判委員ずつ、十枚目以上の関取とその付け人、行司、呼び出し、床山などが参加。総勢３００名以上になる。平成15年からは「売り興行」といって、地方の有力者に相撲協会が興行権を売る形をとっている。

※2 断髪式　現役を引退した力士がまげを切る儀式。平成11年9月の理事会で十枚目を1場所以上つとめた力士は国技館で断髪式が行えるようになった。国技館で断髪式をしたのは昭和21年の双葉山が最初。それ以前は所属する部屋で断髪する習慣だった。

がらさまざまな事前準備をしていく仕事で、新人年寄は先輩年寄の助手として、相撲社会とは異なった一般社会の常識を学んでいくのです。

日本相撲協会の組織は指導普及部、生活指導部、事業部、審判部、地方場所部、巡業部、広報部、警備本部などに分かれていて、年寄はいずれかの部署に所属します。断髪式[※2]前の新人年寄は決まって警備本部所属で、まず本場所の場内警備の仕事が割り当てられます。現役時代どんなに地位が上でも、スタートは下働きからで、紺色の揃いのジャンパーを着て、花道などの通路の整理を受け持ちます。

高見山が引退した後、「ちょっとそこ、自分の席に戻ってください」と観客に声をかけたら、「あっ、高見山だ」と、整理どころか、かえって人だかりができてしまったシーンを目撃しました。

サラリーマンと同じように年寄にも昇進があります。下から平年寄、参与、主任、委員、役員待遇、監事、理事で、当然給料が違います。出世の基準は勤続年数、現役時代の実績、部屋持ち、横綱・大関を育てたかどうかなどですが、理事まで昇進する年寄は、健康状態、視野の広さ、決断力、責任感、理解力、人望など、一般の会社と同じような総合的な人物評価で判断されます。

理事は選挙[※3]で選ばれるので、ありていにいえばいくら現役時代の番付が上でも、自己中心的で人望のない人格的に問題のある者は選ばれません。

※3　理事選挙　理事の定員は10名で任期は2年。したがって2年ごとに選挙が行われる。選挙権があるのは年寄全員、力士会で選出された力士4名、立行司2名。立候補は評議員である年寄でなければならない。

年寄には配属部署による出世コースも存在します。現理事の中で最年少（51歳）の元大関・朝潮の高砂親方が典型で、記者クラブ係、審判委員、理事（広報・指導普及部長）というエリートコースを歩みました。

記者クラブ係は本場所中、報道関係者が仕事をする記者クラブ※4に常駐します。仕事自体はたいして忙しくありませんが、将来の協会幹部として、一般社会との接点である報道関係者と接しながら〝世間〟を勉強するわけです。現在の記者クラブ係は元大関・霧島の陸奥親方と元関脇・寺尾の錣山親方です。

元三役以上の力士は、数年経過すると多くが審判委員に抜擢されます。大相撲の中枢であるプログラム編成に従事するとともに、審判委員として土俵下に控え、観客に見られ、テレビにも映る仕事なので、協会はそれなりの人気と実績を伴った年寄を配属することで、興行に花を添える効果を演出しています。

ちなみに、物言いがついた後にマイクで説明する役目は審判部長と副部長二人で、現在の審判部長は元大関・魁傑の放駒親方、副部長は元大関・増位山の三保ケ関親方、元横綱・千代の富士の九重親方と、華やかなキャスティングになっています。

年寄としての協会の中での出世は、サラリーマン社会の管理職への登用と同じで、事務処理能力とリーダーシップが評価されます。営業マンとして実績をあげた人物が、必ずしも優秀な管理職になれるとは限らないのとどこか似ています。

※4　記者クラブ　正式名称「相撲記者クラブ」。相撲担当の報道関係者が組織する任意団体。明治38年（1905）2月に相撲記者が集まって作った「振角会」が母体となった。国技館内に作業部屋が設けられており、各種のデータが取り揃えられている。また、場所中は記者会見などもこの部屋で開かれる。

※5　常ノ花寛市　第31代横綱。明治29年11月23日、岡山県岡山市生まれ。大正13年夏場所新横綱。昭和5年5月引退。178cm、113kg。優勝10回。引退後は年寄出羽海を襲名し、戦後の混乱期には理事長をつとめた。昭和35年11月、64歳で没。

理事長を７期14年つとめ上げた春日野理事長に、現両国国技館が落成した昭和60年１月９日の初場所初日、習慣になっていた早朝の散歩に同行したことがありました。そのとき理事長が、「この仕事は、誰でもつとまるというものではないんだ。全体のことを考えられる人間でなければ」と、しみじみ言っていたことを今でも思い出します。相撲協会のトップには、大所高所からの視点と、部分最適より全体最適を優先させる見識が求められるのです。

所轄官庁の文部科学省に説明を求められたり、国技館建設にあたっては建設会社との価格交渉があったりします。昭和32年当時の元横綱・常ノ花[※5]の出羽海理事長は、衆議院予算委員会で大相撲の旧弊が糾弾されたとき、責任を感じて割腹自殺を図っているほどです。

春日野理事長は国技館の建設費用を聞かれると、「俺たちは〝負かす〟のが商売」と冗談で煙に巻くようなおおらかさを持っていました。現役時代、神棚に置き忘れた１００万円の祝儀が大掃除で発見されると、「みんなでうまいものでも食ってくれ」と言い放つほど太っ腹で、人望は抜群でした。

学歴こそ中卒ですが、経営者に求められる資質を十分に持っていた人でしたし、また、相撲界はそういう人物をトップに据える懐の深さを持ってもいるのです。

相撲部屋の経営

平成19年1月現在、日本相撲協会に所属する年寄は、準年寄を含めて１０７人います。その中で部屋を持っている年寄は、約半分の54人。この年寄たちは師匠と呼ばれる一国一城の主です。師匠は弟子たちから親方と呼ばれますが、普段本人がいないところでの呼称はもっぱら「おやじ」です。

力士が現役を退いて年寄になった後の生き方は、自分で部屋を持つか、持たないかの二通りに分かれます。一般的に、前者は指導者として横綱・大関を育てたいという意志が強い年寄で、後者は65歳まであまり苦労せず人生を送りたい、と考える年寄です。

自ら部屋を持とうとする動機は、そのほか、現役時代に応援してくれた後援者の勧めもあります。後援者にしてみれば、贔屓した力士が引退してしまっては張り合いがありません。何とか関係を継続したいと考え、今度は元応援した力士が育てた弟子を応援したくなるのが人情で、これは二世を担ぎ出したがる政治家の地元後援会と似ています。

※1　**三重ノ海剛司**　第57代横綱。昭和23年2月4日、三重県松阪市生まれ。昭和54年秋場所新横綱。同55年11月引退。１８１cm、１４５kg。優勝3回。得意は左四つ、寄り、上手出し投げ。引退後年寄山科襲名後、武蔵川を襲名し部屋を起こす。

力士や年寄は協会に所属していますが、相撲部屋は個人の持ち物なので、新しく部屋を創設する時点で協会の援助は一切ありません。しかし、いったん部屋創設が承認されるとさまざまな名目のお金が協会から支給されます。

まず、力士一人あたり月11万5000円の「部屋維持費」。同じく「稽古場維持費」4万5000円。合計で月16万円。次に幕下以下の力士への「力士養成費」として一人あたり月7万円。関取を育てると支給される「養成奨励金」が1場所あたり十枚目3万円、幕内5万円、三役10万円、大関20万円、横綱30万円。これを合計すると、年間で一人あたり幕下以下180万円、十枚目114万円、幕内126万円、三役156万円、大関216万円、横綱276万円が、部屋（師匠）の収入になります。

十枚目、幕内より取的である幕下以下の金額が高いのは、関取が有給なのに対し、取的は無給で、相撲部屋が彼らの衣食住を負担しなければならないという前提に立っているからです。

この金額を平成19年1月現在での具体的な相撲部屋に当てはめてみましょう。大部屋の一つで三役を含め幕内3人、十枚目1人、幕下以下23人を抱える元横綱・三重ノ海[※1]の武蔵川部屋には、年間合計4662万円。平成16年に創設され、幕内は豊真将だけの新興・錣山部屋が2826万円。最低は弟子2人の伊勢ケ浜部屋（その後廃部屋）で360万円となります。

余談になりますが、かつて、すでに辞めている取的の廃業届※2を提出しないまま数場所放置している部屋がありました。ある協会の幹部が「まったくセコいおやじだぜ」と言っていましたが、一人年間180万円が協会から部屋に支給されるのですから、このような〝幽霊力士〟がいてもおかしくありません。

確かに、まるっきり新しく両国周辺に土地・建物から用意して部屋を創設しようとすれば、5億円くらいの設備投資が必要になります。たいていの年寄は部屋創設に際して資金の一部を金融機関から借り入れていますが、人気関取が育ち、力士の数が増えていけば、十分返済可能な金額です。部屋によっては、初期の設備投資を抑えるために、地価の安い郊外に部屋を設立するケースもあり、元小結・大潮※3の式秀部屋のように所在地が茨城県龍ケ崎市という例もあります。

また、部屋を創設した後でも、維持していくために食費、光熱費、新弟子をリクルートする費用、場合によっては専属のコーチやトレーナー、マネジャーなどの人件費なども必要になります。しかし、光熱費などの固定費は力士の人数が多くても一定ですし、食費に代表される変動費も学校給食のセンター化と同じで、人数が増えれば一人当たりのコストは少なくてすみます。20人くらいの規模で、関取が4、5人、その中に人気力士がいて贔屓がつき、後援会からの収入も期待できるとなれば、部屋経営は十分に採算の取れるビジネスなのです。

※**2　廃業届**　力士、年寄などが相撲協会を離れる場合にその旨を届けたもの。現在は「廃業」という言葉を使用していないので「引退届」という。

※**3　大潮憲司**　昭和23年1月4日、福岡県北九州市生まれ。昭和63年1月引退。186cm、139kg。得意は左四つ、寄り。

※**4　3億円申告漏れ事件**　平成8年7月、初代若乃花（先代二子山）と初代貴ノ花（当時の二子山）の間の年寄名跡売買に絡んだ申告漏れが発覚し、追徴金を課せられた事件。兄の先代二子山は相撲博物館館長を辞任、弟の二子山は巡業部長を解任された。

※**5　境川理事長**　元横綱・佐田の山。出羽海と

準年寄も含めた107人の年寄のうち、約半分が部屋持ちの師匠になっている現実の裏には、このような金銭的な事情が存在しているからです。巷間いわれているように、相撲部屋の経営は決して「タニマチにごっつぁん」だけで成り立っているわけではなく、部屋持ち師匠の努力が金銭的に報われるシステムを、協会が導入しているからなのです。現役引退後、部屋付きの年寄としてのんびり65歳の定年まで暮らすのも一つの方法ですが、指導者、リーダーとしてのインセンティブがある限り、志のある若い年寄が独立したがるのも当然ではないでしょうか。

相撲社会は全体のガバナンスは「公」である日本相撲協会が行い、日常の生活は「私」である各部屋に任されているという、矛盾した構造になっています。平成8年、初代若乃花と初代貴ノ花の兄弟間に起きた年寄名跡・二子山の売買に絡む「3億円申告漏れ事件[※4]」をきっかけに、当時の境川理事長[※5]が「年寄名跡を協会に所属させる」私案を提言したことがありました。結果は大紛糾の末、「私有財産の侵害」との意見が大勢を占め、廃案となって現在に至っています。

根本的な問題は依然として内在されたままですが、協会がすべてを管理しない部屋制度は、どこか中国の資本主義に似ていて、発展の原動力になっている点もあるのではないでしょうか。

して理事長を2期つとめ、その後境川として1期つとめた。

業界用語その1
「バカ負け」と「いいとこ売り」

相撲界の隠語は非常に多く、第7章でもいくつか紹介しているが、使用頻度で群を抜いている二つの業界用語を紹介しよう。

一つは「バカ負け」という言い回しである。「あきれてあいた口がふさがらない」「バカらしくて、もう面倒みきれない」という場合に使われる。具体的には、たとえば会社の新人歓迎会で、普通なら初々しいはずの新人が、部長に見えすいたゴマをすったり、果てはカラオケでマイクを離さず、あげくの果てに隣の席の見ず知らずの女性をナンパしたり……というようなケース。こんなときに「まったく昨日の夜の新人には、バカ負けしたよ」と使う。

先輩に敬意を表さないなど、場の空気を読めない人の言動に対しても「まったく、やってられないよ」という意味で「バカ負け」を使用するので、力士と話をしていると頻繁に出てくる。

もう一つは「いいとこ売り」。これは、話を作り上げたり飾ったりして面白く脚色することで、たとえば「昨日、町を歩いていたら、偶然同級生の女の子と出会ってさ。じゃあ軽く一杯というわけで飲んだら、そいつ最近亭主と別れたばっかりで、妙に色っぽい目でおれの方を見るんだよ……」というような話に対して、「お前、またいいとこ売って」というように使う。

略して「いいとこ」、あるいはいつも話が脚色されている人間は「あいつは〝いいとこ売り〟だから」となります。

実は力士仲間では「話が面白い」のは重要な能力で、冗談好き、いたずら好きも、非常に高く評価される。力士は真面目な堅物のように見えるのは猫をかぶっているだけ。実際は〝面白いやつ〟が多い。だから女性を飽きさせないし、ゆえによくもてる。

第七章◇相撲文化と一般人の接点

意外と開放的な相撲部屋

友人や知人に「相撲は面白い。一度ナマで見ることをお勧めします」と提案すると、決まって返ってくるのが「桝席は値段が高いし、入手しにくいから」という答えでした。そのような人たちに私が勧めていた、相撲と親しむ〝お勧めコース〟がけいこの見学です。

相撲社会は一般社会と比べるとかなり特殊な世界なので、煩雑な格式やしきたりが存在するように思われがちですが、相撲社会の住人になるならともかく、一般人にとってはそれほど敷居の高い存在ではありません。基本的に各部屋のけいこは、その部屋の後援会会員でなくても自由に見学ができます。

部屋でのけいこが盛んに行われる期間は、番付発表から初日の前日までの2週間です。力士は自らのコンディションのピークを初日に合わせて調整していくので、けいこの量、質ともに番付発表から5日目前後に最もハードなけいこを行います。したがって初日の前日などは、場合によってはけいこが行われないこともありますから、けいこの醍醐味を味わうのであれば、見学は番付発表から10日以内がベストです。

※1　**申し合い**　けいこ方法の一つで、勝ち抜き戦形式で行われる。勝ち力士が次の相手を指名できる。指名することを「買う」、指名されることを「売れる」という。

※2　**三番げいこ**　けいこ方法の一つで、実力の接近した者同士二人が続けて対戦する。

次に時間帯です。三段目以下の取的は、大人数の部屋では午前4時ごろには土俵に下りてけいこを始めていますが、関取と呼ばれる十枚目以上の力士がけいこ場に姿を現すのは、午前8時から8時半頃です。

熱心な後援者やマニアならいざ知らず、ふつうは午前7時半から8時ごろまでの間に目指す相撲部屋に到着するのが一般的です。けいこは午前10時半から11時ごろまで行われますが、関取衆がけいこを始める9時以降からの見学は力士に対して失礼ですし、実際力士もいい顔をしません。

目指す部屋に到着したら、玄関で靴を脱ぎ、軽く目礼してから上がり座敷の後方に座ります。前方は師匠、親方、後援者、記者などの席です。無理に正座をする必要はありませんが、私語、飲食・喫煙はもちろん、写真撮影も厳禁です。けいこ場にはピリピリと張り詰めた緊張感が漂っていますが、これはケガとの関係からです。集中力が途切れ、弛緩した雰囲気が出始めると決まってケガが起きます。けいこを監督している師匠はそのような空気が感じられた場合、ためらうことなく「今日のけいこはやめ!」と宣言するくらいです。

けいこの中で見ごたえがあるのは、申し合い[※1]と三番げいこ[※2]です。申し合いは勝ち抜き戦で、勝った力士を目がけて次に対戦したい力士が指名を得ようと殺到します。指名権は勝ち力士が持っているので、勝ち続けるとそれだけ質・量ともに充実したけいこができる仕組みです。

三番げいこは、実力が同等な者同士が二人だけで何番も続けて対戦するけいこ形式です。地力をつけるために行うケースが多く、多いときは30番以上取ることも珍しくありません。

けいこが終了した時点で見学も終了です。力士はこのあと、入浴、ちゃんこと朝の定番スケジュールをこなしますが、力士にとっては朝のけいこが終わったあとが最も精神的にリラックスできる時間です。

泥着《どろぎ》※3を羽織り、けいこ場の外でスポーツ紙を読んだり、力士仲間や付け人や担当記者と雑談したりしますが、一般のファンが力士と個人的な会話を交わせる唯一の時間帯がこのときです。もし、あなたが女性で、それも若くて美貌に自信があれば、力士のほうから「君、ＯＬ？」などと声をかけられる可能性が十分あります。

場所前でしたら、けいこを見学したあとは両国駅前の国技館まで足をのばし、入場無料の相撲博物館を見学するのもいいでしょう。本場所中であれば、関取衆のけいこは四股、鉄砲と簡単な調整だけなので、けいこ見学は簡単に済ませ、早い時間に国技館に出向き、まだお客さんで埋まっていない枡席で取的の取り組みを見ているのも面白いものです。

このように相撲社会はイメージとは違って意外と開放的な面があるのです。

※3　**泥着**　けいこ後などに力士がまわしをつけたまま体に羽織る浴衣。汗や砂、土などがついても気にならないように、古い浴衣を使ったのが語源。

【“両国ギャル”と力士の交歓シーン】

けいこ後のひとときはお相撲さんと仲良くなれる最大のチャンス!

贔屓力士をもつ楽しさ

昭和30年代以前に生まれた日本人であれば、「巨人・大鵬・卵焼き」のフレーズはほとんどの人が知っていると思います。昭和30年代から40年代にかけての高度経済成長時代、この三つはそれぞれが強くて、有名で、王道で、子供の憧れ、大衆の最大公約数的な支持を得ていた代表でした。

大鵬が横綱として活躍した昭和30年代後半から40年代前半にかけては、「柏鵬時代」と呼ばれています。柏鵬の柏は、もちろん昭和36年11月、大鵬と同時に横綱に昇進した柏戸のことです。

ところが記録を見てみると、柏鵬は決して拮抗したライバル同士ではなかったことがわかります。柏戸の幕内優勝回数は5回。歴代1位の記録が現在でも破られていない大鵬の32回と比べると6分の1以下です。幕内通算勝ち星数は７４６対５９９で、大鵬は柏戸の1・28倍。幕内時代の勝率も8割3分8厘の大鵬に対して柏戸は7割1分4厘と圧倒的に劣っています。

しかし後世、この時代を「柏鵬時代ではなく大鵬時代」と言う人はほとんどいませ

※1 **明武谷力伸**　昭和12年4月29日、北海道釧路市生まれ。最高位関脇。昭和44年11月引退。１８９㎝、１１３㎏。長身と怪力を利した左四つからのつり、上手投げを得意とした。引退後年寄中村を襲名したが、52年1月、信仰する宗教の教えに従って廃業。

ん。というのは、柏戸は記録こそ残してはいないものの、〝記憶〟に残る力士としては大鵬と同等、いや大鵬以上の評価を相撲界も世間も下しているからです。

柏戸の魅力はその出足です。一直線に寄り切るスピード。勢い余って土俵下に肩から突っ込み、カメラマンの持っていた写真機で肩を強打して休場してしまったエピソードからもわかるとおり、竹を割ったような潔さが取り口やからだ全体から発散していました。大げさにいえば、記録などというケチなものを超越したカタルシスを、ファンに提供してくれたのが柏戸だったのではないでしょうか。

強いものにあこがれるのは人間の常ですから、ファンの多くは、その時々の横綱、大関を応援しがちです。しかし、その力士の取り口や、かもし出す雰囲気で思わず応援したくなってしまうのが、相撲ファンの心理のようにも思えます。

私が中学生のころはまさに柏鵬時代の真っただ中でしたが、個人的な贔屓は大鵬でもなければ柏戸でもありませんでした。長身で筋肉質、顔の彫りが深く、得意はつり出しの明武谷[※1]でした。惹かれた理由は、不器用ながらも生真面目なムードがからだ全体から漂っていたからでした。

相撲好きだった昭和天皇は当時の麒麟児、富士櫻といった突き押しタイプの力士を贔屓にしていたようでした。『相撲歳時記』（高橋義孝監修、ＴＢＳブリタニカ）の中で入江相政氏が「学習院初等科時代の同級生にお聞きしたら、陛下は本格的な押し相撲だったそうです」と書いているように、子供のころの自分を投影していたのかもしれません。

横綱審議委員で脚本家の内舘牧子氏は、大関に昇進した琴欧洲を、「肩のあたりに哀愁が漂っているようで、なんともいえない美しさがある」と言っていました。ただ強いだけではなく、儚さを感じさせる雰囲気も、人によっては魅力の要素の一つなのです。

〝技のデパート〟とあだ名された舞の海の人気は、力士らしからぬ軽い身のこなしと、技の多彩さゆえでした。見た目からして素人受けする取り口なので、人気者になりやすいタイプですが、逆に小兵ながら正攻法の突き押しの姿勢をまったく崩そうとしない垣添[※2]も、玄人受けしている力士です。１７８センチ、１４０キロで、立ち合いはどんなに大きな相手に対しても頭からぶつかっていきます。自ら「頑固な性格」と言うほどで、決してぶれない取り口に好感を持つ根強いファンがいます。

幕内の取り組みは毎日21番（休場力士が出ると20番）ですから、登場する力士は42人。その中には、あんこ型[※3]もいればそっぷ型[※4]もいるし、組んで強い者、投げが豪快な者、スピードのある出足が持ち味の者と、さまざまなタイプがいます。その中から、自分の感性や好みに近い力士を発見し、贔屓にすると、テレビでの相撲観戦は格段に面白くなるはずです。

※2　垣添徹　昭和53年8月12日、大分県宇佐市生まれ。日本体育大学卒。武蔵川部屋。

※3　あんこ型　まるまると太って腹が出た体型の力士の総称。語源は魚のアンコウからといわれている。太りかたの程度により「中あんこ」などとも呼ぶ。

※4　そっぷ型　筋肉質で痩せた体型の力士の総称。語源は、そっぷ＝オランダ語でスープ＝だしを取る＝鳥のガラ＝痩せた、の連想からといわれている。

※5　玉錦三右エ門　第32代横綱。明治36年12月15日、高知県高知市生まれ。昭和8年初場所新横綱。優勝9回。身長１７３㎝、体重１３５㎏。現役力士と年寄（二所ノ

同郷の力士を贔屓にする入り方もあります。私は青森市の生まれなので、青森県出身の力士はどうしても応援したくなってしまいます。特に津軽出身者は栃ノ海から安美錦まで玄人好みの技の切れる力士が多く、津軽三味線の演奏と同じように、目立ちたがり屋が多い津軽人の性格が力士の取り口にも反映されているように思えます。

力士が所属する部屋は五つの一門に分かれていますが、一門ならではの個性が存在します。特に顕著なのが横綱・玉錦[※5]から受け継がれている荒げいこが伝統の二所ノ関一門で、ナマ傷の絶えない猛げいこを是とする玉錦時代の雰囲気は現在でも受け継がれています。

スポーツの応援は、サッカーのサポーターのように競技場に行ってチームと同化する方法がある一方で、個人的に贔屓選手を作って応援するのめり込み方があります。前者の話題は勝ったか負けたかの勝敗や監督の采配、選手のがんばりなどですが、後者はファン個人が選手に感情移入しているので、恋愛感情に似ています。

特に相撲は一人ひとりの個性が際立っているので、感情移入がしやすく〝マイ力士〟の決定は選りどり見どり。だからこそ、相撲は江戸時代から日本人の心を魅了し続けているのではないでしょうか。

関）を兼務する二枚鑑札時代の昭和13年12月、巡業中に虫垂炎をこじらせ、34歳で没。けいこ熱心で生傷が絶えず「ボロ錦」とあだ名された。

相撲の原点は巡業にあり

江戸川柳の一つで力士を「一年を二十日で暮らすいい男」と称しています。今でこそ本場所は年間6場所、延べ90日間開催されていますが、年間6場所制になったのは昭和33年（１９５８）からで、江戸勧進相撲の定場所が両国・回向院[※1]に定着した天保4年（１８３３）から大正15年（１９２６）5月までの90年余、本場所の興行は春夏2回でそれぞれ10日間と決まっていました。

「一年を二十日で暮らす」とは、この本場所興行日数、10日間×2からきています。この川柳には「(だから)力士は気楽な稼業」といったニュアンスが含まれていますが、現実は本場所が開催されていない時期には、巡業と称する地方興行をこなしていました。現在でも、少なくなったとはいえ、年間90日の本場所の間を縫って巡業の日程が組まれています。

まず、大阪での春場所が終わると、伊勢神宮奉納大相撲を皮切りに関西、中部、関東方面を回り（最近は関東だけの場合もある）、5月の夏場所に入ります。夏場所後は海外での公演や巡業[※2]に当てられることが多く、最も本場所の間隔が開く7月の名古

※1　回向院　明暦の大火（１６５７）で死亡した10万余人の霊を回向するために建立された寺院。通称、本所回向院と呼ばれた。明和5年（１７６８）9月から65年間で58回の勧進相撲の興行が催され、天保4年（１８３３）10月からは定場所となった。明治42年（１９０９）には、境内に相撲常設館である「国技館」が造られた。

※2　海外巡業　戦前は大正3年（１９１４）のハワイ、同4年のアメリカなどが小規模に行われた。戦後は、ハワイ、アメリカ西海岸のほか、マドリードなどでも興行されている。

※3　櫓太鼓　相撲興行を知らせるために櫓の上で打つ太鼓の俗称。現在、

屋場所後は、暑い時期なので冷涼な気候の北海道、東北中心の日程が組まれ、8月末に東京に戻ってきて9月の秋場所に備えます。秋場所終了後は、東海、関西、中国、四国、九州を回り、11月から始まる九州場所の福岡に乗り込み、終了後は九州一円、沖縄を回って、年末の初場所番付発表に合わせて東京に戻ってきます。

このように日本全国を回る巡業の目的は二つあります。一つは普及、もう一つは力士の鍛錬です。普及は、ふだんなかなか相撲に接することができない一般の人たちに相撲の面白さを生で感じてもらい、新しいファンを獲得することです。そのため、本場所では絶対に見られない独特のショー的なアトラクションが行われます。床山による髪結いの実演、初っ切り、呼び出しによる櫓太鼓《やぐらだいこ》※3の打ち分け、相撲甚句※4の披露などです。

鍛錬とはけいこです。現在の巡業は大合併《おおがっぺい》巡業※5といって関取衆ほぼ全員が参加する形式なので、ふだんなかなかけいこができない相手と対戦することができます。横綱・大関などは、次の場所で初顔合わせが予想される力士に対して「巡業で対戦して、強さを印象付けたものだよ」と、かつて大鵬親方から聞いたことがあります。

このような目的で行われる巡業は、朝のけいこから始まります。会場に設営された土俵でのけいこのほか、山げいこ※6と呼ばれる、会場近くの適当な土の空き地をけいこ場として利用する場合もあります。午前11時頃にけいこが終了すると、土俵ではアト

本場所中は、午前8時～8時半に打つ「寄せ太鼓」と、打ち出しと同時に打つ「跳ね太鼓」とがある。

※4 **相撲甚句** 「甚句」は「地句」の意で、力士が余興に歌ったものが江戸末期から明治にかけて流行し、やがて「どすこい、どすこい」の掛け声が入る現在の形になった。代表的な甚句は「花づくし」「当地興行」など。

※5 **大合併巡業** 昭和32年以前の巡業は部屋単位、一門単位での巡業が普通で、たまに多くの部屋が合同で行うのを「大合併」と称した。32年以降は相撲協会全体で行っている。

※6 **山げいこ** 適当な地面に簡単な円を描き、土俵に見立てて行うけい

ラクションが開かれます。その間、関取衆は借り切った近くの銭湯に向かいます。風呂から上がるとちゃんこが待っています。私が担当していたころは、体育館の裏などの空き地に各部屋がちゃんこの場所を確保し、七輪を持ち込んで鍋をかけていました。地元の珍味がズラリと並ぶ超豪華版でした。当然、その土地の後援者や知人が招待されます。

前述したように、力士が最もリラックスできるのがけいこのあとです。ファンとの交流はもっぱらこの時間帯で、サインをしたり、一緒に写真に納まったり、気さくな力士であれば気軽に雑談を交わすことも可能です。この間、土俵ではアトラクションが終了し、三段目あたりの取り組みが始まります。食事を終えた関取衆は、各自が木陰などに確保した昼寝の場所で休憩します。目ざといファンはこの時間を逃しません。記者時代、女性ファンと力士が雑談しているシーンを何回も目撃しました。

午後2時頃になると、幕内土俵入り、続いて取り組みが始まります。本場所ではないので、取り組みは真剣勝負ではありません。当然、地元出身力士は全員がそろって勝ちます。取り組みは本場所と違ってあっという間に終了し、力士たちはそそくさと荷物をまとめて次の巡業地に向かいます。

最近はこんな独特の巡業風景が失われつつありますが、個人的には巡業にこそ相撲の原点があると思っています。

こ。「山」とは「単なる平地」の意味。

【巡業での山げいこは力士の基本】

四股や股割りも大空の下で
行われます

土俵のない土の上でのぶつか
りげいこ。昔はみんなこうし
て強くなったのです

記者は相撲を見られない？

相撲担当記者時代、「いいですね。毎日ナマで相撲が見られて」とよくうらやましがられました。確かに商売ですから、毎日相撲は見ていました。しかし、正確には〝ナマで〟は正しくありません。うらやましがられるたびに、「実は私たちも皆さんと同じようにテレビで見ているんですよ」と答えたものでした。

国技館の観客席は大きく分けると、土俵に近い順に、飲食が禁止されている溜まり席[※1]、その後ろの桝席、2階の椅子席[※2]の三つに分かれています。溜まり席と桝席の間の東西には机が設置され、足が入れられるように掘り下げられた席があります。ここが、通称「どぶ」[※3]と呼ばれる記者席です。

ところが、私たち記者がここで取り組みを観戦するのはせいぜい十枚目までで、幕内の取り組みが始まると、ほとんどの記者は支度部屋[※4]に入り浸りになります。特に私が勤務していたスポーツ新聞の相撲記事は、勝負の結果よりも力士の人間性や勝敗の裏にあるドラマを描くことに記事作りの重点が置かれていたため、勝負がついた後の力士たちへの取材が最も重要でした。

※1　溜まり席　土俵溜まりのすぐ後ろから桝席までの間の客席。座布団に座って観戦し、飲食喫煙は禁止されている。通称「砂かぶり」。

※2　椅子席　国技館の2階はすべて椅子席。A、B、C、最後列の自由席の四つに区分されている。

※3　どぶ　記者席の俗称。掘り炬燵形式で、足元が側溝のように横長に掘られコンクリートで固められているため。

※4　支度部屋　力士の控え室。本場所では東西2カ所に分かれる。身支度、休息、準備運動などを行う。正式名称は「力士控え室」。

力士の生のコメントを聞くためには、記者席と支度部屋をいちいち往復していては仕事にならず、支度部屋に入り浸りにならざるを得なくなってしまうのです。

支度部屋には2台のテレビが天井から吊り下げられており、私たち記者は、出番を待つ力士とともに、そのテレビに映し出される取り組みを観戦しつつ、戻ってきた力士を待ち構えて話を聞くのが取材パターンとなっていました。情けないことに、国技館で相撲を観戦しているのに、生の取り組みをほとんど見ていないのはそのためです。

ＮＨＫテレビでは横綱や大関に勝った力士をインタビュールームに呼んでアナウンサーが1対1の取材をしますが、これはＮＨＫの独占で、支度部屋にはインタビュールームもなければ、記者会見場もありません。ではどうやって話を聞くのかというと、力士が帰り支度をしている間のわずかな時間を活用するのです。

力士は勝っても負けても必ず支度部屋に引き揚げてきます。国技館の支度部屋は間口9メートル、奥行き27メートルの細長い部屋で、真ん中がコンクリートの土間になっていて、そこを囲むように一段高い畳の座敷がコの字型に配されています。

引き揚げてきた力士は、自分の明け荷が置かれている場所に直行します。そこには付け人が大きなバスタオルを広げて囲いを作って待っていて、その中で力士はまわしを外して全裸になり、パンツをはきます。そして座敷にどっかりと腰を下ろし、床山が大銀杏から普通のちょんまげに結い直します。

私たち記者の取材は、力士がパンツをはいてまげを結い直してもらっている1、2分の間です。土間に向かってあぐらをかいている力士を取り囲み、質問を浴びせますが、何しろ短時間ですから、悠長な質問はできません。いきおい手短で、核心に迫るやりとりになります。

「右がうまくはいりましたね？」「うん」

「会心の立ち合い？」「低かったからね」

「あと一つ（で勝ち越し）ですね？」「一番一番だよ」

といった具合です。

ごくまれに、話好きの力士が5分くらいとうとうと話し続けることがありますが、こちらのほうもテレビで取り組みを見なければならないし、次の力士が帰ってきたりで、本当のところは長い話はあまり歓迎しませんでした。

全取り組みが終了し、最後の力士への取材が終了すると、私たちは館内にある記者クラブという作業部屋（ワークルーム）に戻り、「本日の記事」をデスク[※5]と相談してからすぐに原稿執筆に取りかかります。そして、1時間足らずですべての原稿を書き終えます。

相撲と同様、記者の仕事も集中力が勝負。メリハリとスピードが命なのです。

※5　デスク　新聞社独特の用語。本社や支局にいて現場の情報を整理、指示する役割の記者。机の前に張りついていなければならないので「デスク」と呼ばれるようになった。

【支度部屋で力士を記者が囲む】

負けたときはあまり話したくないので、床山さんは超スピードで仕上げる

後方でよく聞こえなかった記者は、あとで前方にいた記者に教えてもらう

一応ノートはとるが、読み返すことはほとんどない

この位置は
簡潔で的確な質問が
できるベテラン記者

友情か仕事か。記者と力士の微妙な関係

私が勤務していたスポーツ新聞社は、エンターテインメント系の新聞社だったので、求められる記事は技術や評論などの専門的な内容ではなく、力士個人の背景にある人間ドラマでした。そのためには、いかに人気力士と良好な人間関係を築き〝いい話〟を聞き出すかが重要で、そのための努力は得意先に取り入る営業マンとほとんど変わりありません。

朝げいこには他社の記者より早く顔を出し、けいこが終わったあとの雑談にもとことん付き合う。このようなことを1週間も続けると、そのうち力士のほうから「どこの新聞社？」と声をかけてくるようになります。特に私は１９２センチと当時の幕内では最長身だった高見山と同じ身長だったので、力士の間でも印象に残ったのか、比較的すんなりと相撲界に溶け込めました。

そんな中で、仲良くなった力士の一人が蔵間でした。後に結婚した元女優の弥生夫人がアルバイトをしていた店に私がたまたま飲みに行ったところ、弥生夫人から「私、蔵間さんのファンなの。今度連れてきてよ」と声をかけられ、それを蔵間に伝えたと

※1　**蔵前国技館**　昭和20年に旧両国国技館が進駐軍に接収されたため、台東区蔵前に改めて建設された国技館。収容人員1万１００８人。昭和25年初場所から59年秋場所まで使われた。

ところ、「じゃあ、行こうよ」となったのが発端です。

店での蔵間は当然モテモテでした。均整の取れた体、ハンサムな風貌はもちろんですが、なんといっても性格が明るくて屈託がない。当時は大関を期待された関脇でしたが、変に威張らず、ぐるりと取り囲んだ女の子を絶妙の話術で楽しませる好漢でした。

しばらくして、東京での本場所のとき、私が当時の蔵前国技館[※1]の2階席でサボっていると、見かけた女性が一人で土俵を見ていました。これが弥生夫人だったのです。直感的にこの二人はデキていると感じた私が、蔵間に聞いてみると「実はそうなんだけど、まだ親方に話していないんだ。決まったら真っ先に知らせるから」という返事。ところが、この特ダネを温めているうちに「蔵間婚約」のスクープは他社に抜かれ、私はデスクから罵詈雑言を浴びる結果になってしまったのです。

記者と力士の関係はなかなか微妙で、場合によっては利害が対立します。力士にとっては書かれたくない情報でも、記者は知り得た限りは記事にするのが職業的な使命です。蔵間のケースでは私と力士との人間的な信頼関係は失われませんでしたが、記者としては完全に失格です。

北の湖と富子夫人との婚約をスクープしたときは、蔵間とは逆のケースで一気に信頼関係が失われました。

北の湖は当時の師匠だった三保ケ関親方に、富子夫人と交際している事実を話していませんでした。相撲社会では力士の殺生与奪権は師匠が握っています。実際にはありえないことですが、引退届も師匠の名前で協会に提出されるので、真面目で律儀な北の湖は「記事が出て、師匠に反対されたら、相撲が取れなくなってしまう」と真剣に思いつめてしまったのです。

　記事が紙面になる前日の深夜、北の湖に呼び出され、都内の某ホテルで「頼むから書かないでくれ」と懇願されましたが、結局は「すでに輪転機※2は回っています」と突っぱねました。

　代償は取材拒否です。その後数年間、北の湖は一言も口をきいてくれないどころか、そばに寄ろうとすると怖い顔をした付け人たちに追い払われたほどでした。

　2代目横綱・若乃花※3は、横綱昇進を機にそれまでの若三杉から師匠・二子山親方の現役時代の四股名である若乃花に改名※4しました。この改名スクープ以降、私は同郷でもあった若乃花からはまったく口をきいてもらえなくなってしまいました。

　当時、若乃花の周辺では師匠の長女との結婚話が取りざたされていました。ところが親方の意に反して、若乃花は師匠の娘とは結婚したくなかったのです。当時、二子山親方は私が勤めていた新聞社の専属評論家でした。それに改名の届け出は師匠の独断でできます。若乃花は、「若三杉、若乃花襲名」の記事を、親方が親しいマスコミ

※2　輪転機　輪転印刷機の略。回転する円筒状の版に巻紙を通して印刷する機械。高速、大量印刷が可能なので、もっぱら新聞の印刷に使用される。

※3　二代目若乃花幹士　現年寄間垣。第56代横綱。昭和28年4月3日、青森県南津軽郡大鰐町生まれ。昭和53年名古屋場所新横綱。58年1月引退。１８６cm、１３６kg。優勝4回。柔らかい足腰で、左四つ、寄り、上手投げを得意とした。

※4　改名　力士、行司が登録されている名乗りを変更すること。改名届が必要。縁起を担ぐ、関取昇進を期に本名を変える、出世名（朝潮＝高砂、柏戸＝伊勢ノ海など、その部屋に伝わる由緒ある

にリークして〝婿養子〟の既成事実化を図ったと解釈、その片棒を担いだのが私だと考えたのです。若乃花にしてみれば「日刊の工藤は、信用していたのに裏切られた。汚い野郎め」というわけです。

事実はまったく違うのですが、このときは二子山親方にも怒鳴られました。二子山部屋の玄関先、若乃花も含めた力士や記者が聞いている中、割れ鐘のような大声で「なんだ、この記事は！」と一喝されたのです。おそらく「ワシがリークしたんじゃない」と言いたかったのでしょう。その後、若乃花は師匠のお嬢さんと結婚しましたが、すぐに離婚してしまいました。

相撲界は師匠と弟子、弟子同士が同じ屋根の下で暮らしている閉鎖社会です。逃げ場がないだけに、人間関係は極めて微妙で、いい話も、いやな話も瞬く間に口コミで広がり、その中には陰口も少なくありません。そのような社会を取材していると、人間を見る観察眼がいやおうなしに養われていきます。また、物事の先を読んだり、周囲への影響を絶えず考えたりするようにもなります。

このあたりは、その後マスコミ業界から足を洗って、普通のサラリーマンになったときにとても役に立ちました。結局、私も相撲社会で鍛えられた一人だったわけです。

四股名）にする、などの理由が多い。

ちゃんこは体にやさしいヘルシー食

担当記者をしていたころ、「相撲部屋で本格的なちゃんこが食べられていいですね」とよく言われました。結論から言うと、味はよかったのですが、居心地は決してよくはありませんでした。

相撲部屋のちゃんこはけいこ終了後の午前11時過ぎから始まります。食事時間は厳正な番付順で、まずは親方と関取衆が真っ先に鍋を囲みます。次いで幕下、三段目となり、新弟子が食事にありつけるのは大部屋では午後1時近くになります。その間、三段目以下の取的は、親方、関取の給仕をつとめるのが上下関係にけじめをつける相撲社会のしきたりです。

私たち記者は一応お客さんなので、親方や関取衆と同じ席につきます。鍋を囲んで車座に座った背後には、給仕をする取的がまわし姿のまま直立不動で立っていて、丼に盛られたご飯が空になると後ろから手が出てきて間髪を入れずおかわりを持ってきます。もちろん、親方から「うちのちゃんこが食えないのか」と半ば強引に誘われて席に着くのですが、タダでご馳走になっている後ろめたさと、後ろで腹をすかせて給

※1 **相撲診療所** 正式名称は「日本相撲協会診療所」。国技館内に設けられた協会の医療機関。昭和33年に開設された。診療科目は内科、外科、整形外科などで、協会員、その家族のほか地域の住民のための一般診療も行っている。また、医務委員会が置かれ、力士の健康管理に当たっている。

仕をしている取的の気持ちを考えると、心理的にはリラックスできませんでした。

しかし、味に関しては、下手な料理屋の鍋とは比較できないくらい美味しいものでした。

ちゃんこの語源は、中国から伝わった金属製の鍋「鏠鍋《チャングオ》」に由来するなど諸説ありますが、定説はありません。ただ、相撲界では食事の総称がちゃんこで、カレーライスも刺身もすべて「ちゃんこ」なのです。

もう一つの誤解は、鍋の中身です。いわゆる魚と肉がごちゃ混ぜになった寄せ鍋は、基本的にはどの部屋でも作りません。野菜、豆腐、油揚げといった副食材こそ変わりませんが、肉と魚に関しては、鳥の水炊き、豚の味噌炊き、鰯のつみれ団子といった具合に単一の食材を使用します。相撲診療所[※1]元所長の林盈六氏は「魚は不飽和脂肪酸、肉は飽和脂肪酸なので栄養を相殺してしまうので、相撲部屋のちゃんこは理にかなっている」と、科学的な論拠から相撲社会の知恵を絶賛しています。

ちゃんこは各部屋にいるちゃんこ長がメニューを考えます。たいていは幕下の古株の力士で、ちゃんこ長がいわばシェフ、その下で3、4人のちゃんこ番がちゃんこ長の指揮のもと、買い出しから調理までを手分けして担当します。実際、ちゃんこ長はほとんどけいこをしません。引退後に自分の店を出すための研究をしているようなもので、部屋の師匠も半ば認めています。

力士は、食に関しては相当なグルメです。大鵬親方と鍋を囲むときは、決まって親方が鍋奉行でした。灰汁《あく》を丁寧にすくい、野菜を入れる順番まで細かく気を配っていました。このようなグルメに鍛えられるので、ちゃんこ長は知らず知らずのうちに料理の腕が鍛えられるわけです。

最近は鍋ブームで、ちゃんこ料理店が増えていますが、やはり一般大衆を相手にしているので、相撲部屋で作られるような個性的なちゃんこは少ないような気がします。私の経験では、春日野部屋で食べた「イカちゃんこ」は絶品でした。新鮮なイカのワタを入れたスープに、輪切りにしたイカと玉ねぎ、厚揚げ、ゆでた大根などを入れ、煮ながら食べるメニューです。イカワタの甘さと苦さはまさに〝大人の味〟でした。

九州場所でのアラ（クエ）のちゃんこも最高でした。特に内臓、分厚い唇、目玉といった若い女性が絶対敬遠するような部位が美味しいのです。力士はグルメですから、そのような部位は上位の力士の口にしか入りません。これも、なかなか一般向けにはならないメニューです。

ちゃんこはたんぱく質と野菜のビタミン、ミネラルがバランスよく吸収できる栄養的にもすぐれた調理方法です。しかもたんぱく質は基本的には魚が主流で、肉も験《ゲン》を担いで鳥が中心[※2]です。

ちゃんこはまさに女性が喜ぶヘルシーメニューそのものなのです。

※2　鳥　豚、牛などは、4本足の動物なので、土俵に両手をついた姿（負け）を連想させるため、縁起を担いで食べないことが多かった。

【ちゃんこ風景】

10代の取的はどんぶり10杯以上の大食だが、
関取になると食事の量は少なくなります

鍋は昔懐かしいアルマイト製。相撲部屋では土鍋は使いません
ちゃんこ専用の低いテーブル
「鍋」以外の「おかず」がけっこう美味なのです

相撲・芝居・落語に共通する大衆文化

相撲と芝居には多くの共通点があります。まず、どちらも基本的な形が、町人文化が花開いた江戸中期に庶民の娯楽として定着し、現代にまで受け継がれています。どちらかというと、芝居は女性、相撲は男性の間で人気が高かったようですが、両方とも江戸だけではなく、全国津々浦々で庶民の娯楽として人気を集めていました。

故池田弥三郎氏は『相撲歳時記』（高橋義孝監修、ＴＢＳブリタニカ）の中で「芝居と相撲は意外に近いところにある」と自説を披露し、その第一としてやぐら（櫓）の存在をあげています。相撲は現在の両国国技館の敷地内にやぐらが組まれていますが、芝居小屋にもやぐらが設置されていたことは江戸東京博物館に復元された中村座※1を見ればわかります。池田氏はそのほか、「花道※2」「幕内」などの用語の共通性にも注目しています。

力士が登場する代表的な芝居は「め組の喧嘩」を題材に取った「神明恵和合取組《かみのめぐみわごうのとりくみ》」です。これは文化2年（１８０５）、芝明神境内で行われた春場所7日目に実際に起こった力士と火消し人足の喧嘩を、後に竹柴基水が歌舞伎狂言に脚色し、明治23年

※**1 中村座**　歌舞伎劇場。江戸三座（他に守田座、市村座）の一つ。寛永元年（１６２４）猿若（中村）勘三郎が江戸中橋南地（現在の日本橋）に猿若座として創立。その後、中村座と改称し、浅草猿若町、浅草西鳥越町と移転しつつ存続していたが、明治26年（１８９３）焼失、廃座。

※**2 花道**　力士、審判委員、行司などが入退場するときに利用する通路。東花道は東方力士と行司が、西花道は西方力士、審判委員、呼び出しが使う。語源は平安時代の相撲節で、力士が髪に造花（東が葵、西が夕顔）をつけて登場したことに由来するといわれている。

（1890）に初演され人気を博した出し物です。

事件の内容は、木戸を顔パスで入ろうとしため組の辰五郎ら3人を、九龍山という幕下力士（現在の十枚目）が「つまみ出せ」と追っ払ったのが発端。根に持ったため組の連中が、今度は九龍山が一人で芝居を見にやってきたところを袋叩きにして報復。そこに通りかかったのが兄弟子の幕内力士・四ツ車。一人けがをして悔しがる九龍山に「骨は俺が拾ってやるから、仕返しをしろ」とけしかけ、結局力士と火消し人足の大喧嘩に発展する大事件になりました。

寺社奉行、町奉行、勘定奉行が半年間かけて吟味した結果、め組の二人（一人は獄死）と九龍山が江戸を追放になり、四ツ車は無罪。力士側の〝判定勝ち〟となりました。

芝居では孤軍奮闘の四ツ車のヒーローぶりが際立って描かれていますが、当時の江戸で最も男らしいといわれた「火消しと力士と与力」（杉浦日向子著『一日江戸人』新潮文庫）が全員登場する華やかな事件だっただけに、現在に置き換えると格好のワイドショーのネタだったわけです。

相撲がいかに庶民の間で人気があったかは、同じく江戸末期に現在の原型が出来上がったといわれている落語の演目にも表れています。

「阿武松《おうのまつ》」という話は、後の第6代横綱・阿武松緑之助の若い頃を描いたいわゆる人情噺です。

能登の国から江戸に出てきた漁師の倅・長吉が京橋の武隈文右衛門の弟子になりますが、生来の大食が災いして、部屋から暇を出されてしまいます。いまさら田舎にも帰れない長吉は、戸田川に身を投げて死のうと思うのですが、その前に腹いっぱい飯を食ってからと思い、板橋宿の橘屋善兵衛に泊まって有り金全部をはたいて3升5合の飯をぺろりと平らげてしまいます。

この橘屋が長吉の食いっぷりを見込んで、知り合いの錣《しころ》山喜平次に紹介します。長吉は四股名も小柳と変え再び土俵に上がります。食の心配がなくなった小柳はとんとん拍子に出世、自分に暇を出したケチな武隈との勝負にも勝ち、関脇、大関と昇進、長州藩のお抱え力士となり、四股名も阿武松緑之助と名乗り、谷風、小野川以来途絶えていた横綱を31年ぶりに復活した、というめでたしめでたしの物語です。

ちなみに、この噺に登場する阿武松、武隈、錣山はいずれも年寄名跡として現在も残っています。

そのほか、貧乏で食う飯にも困っている佐野山という力士の窮状を耳にした名力士の横綱・谷風が、「出ると負け」の佐野山に花を持たせてあげる、人情物語の「佐野山」。

病気の人気大関・花筏《はないかだ》※3の替え玉として、そっくりさんの提灯屋が巡業に参加。と

※3 花筏 実在した花筏は、昭和41年春場所十枚目17枚目に昇進。四股名は落語家と親交があったため、本人が本名の三浦から改名した。

ころが観客の熱気に押されて地元の強豪・千鳥ヶ浜と対戦しなければならなくなってしまう「花筏」。

変わったところでは、百人一首の「千早振る　神代もきかず　竜田川　からくれないに　水くぐるとは」という歌の解釈を聞かれた知ったかぶりのご隠居が「竜田川は飛ぶ鳥を落とす勢いの大関。連れて行かれた吉原でおいらん千早太夫に一目ぼれするが、振られてしまう。妹分の神代も言うことをきかず、失意のうちに竜田川は相撲取りを廃業して、実家に戻って豆腐屋になってしまう。そこに落ちぶれた千早が、おからをくれと言って来たが、恨みがある竜田川はあげなかった……」という珍解釈を披露する「千早振る」などがあります。

相撲を題材にした落語は、講談から派生した、人の情けにほろりとさせられる人情物、あるいは逆境から這い上がってくる出世物が多く、「半分垢」「鍬潟」などのほか、大正から昭和にかけての相撲観戦風景を面白おかしく描いた「相撲風景」などが今でも高座にかけられています。

相撲は日本独自の様式美の伝統を継承しながら、時の公的機関から金銭的、あるいは法律的な庇護をほとんど受けずに２５０年間にわたって続いている文化でもあります。現在でもその文化が継承されている理由の一つには、歌舞伎、講談、落語にも共通している、庶民のメンタリティーがあるからではないでしょうか。

味わい深い相撲言葉

　昔の庶民にとって相撲がいかに身近な存在であったかは、今でも私たちが何気なく使っている言葉に名残をとどめていることからもわかります。そのような相撲由来の言葉で代表的なのが「八百長」でしょう。広辞苑では①相撲や各種の競技などで、一方が前もって負ける約束をしておいて、うわべだけの勝負を争うこと。なれあい勝負。②転じて、内々示しあわせておいて、なれあいで事を運ぶこと——となっていますが、ほとんどの日本人に「八百長」の一言ですべてが通じるポピュラーな言葉です。「八百長」の語源は、幕末から明治にかけて相撲会所に出入りしていた長兵衛という八百屋に由来します。

　長兵衛は年寄・伊勢海五太夫とよく碁を打っていましたが、伊勢海が喜ぶようにいつも故意に負けてやったところから、相撲社会で不正な勝負を「八百長」と呼ぶようになり、それが世間一般に広がったといわれています。長兵衛ではなく長造だとか、碁ではなく飛び入り相撲で勝たせてもらうように工作したとか、説はさまざまありますが、相撲社会から一般化した言葉に変わりはありません。

※1　**非技**　決まり手82手以外の勝負判定。決まり手は相手にかける「技」だが、非技は自分の一方的な動きによる。現在「勇み足」「腰砕け」「つき手」「つき膝」「踏み出し」の五つが定められている。

「土左衛門」はすでに死語に近くなってしまいましたが、水面に浮いた溺死者の遺体の通称です。由来は享保9年（1725）に江戸勧進相撲で東前頭筆頭の記録が残っている成瀬川土左衛門で、水死体の青白く水ぶくれになった感じが、成瀬川の風貌にそっくりだったからといわれています。当時の江戸は水の都で『大江戸死体考――人斬り浅右衛門の時代』（氏家幹人著、平凡社新書）によると、一般庶民はひんぱんに溺死体を目撃していたそうですから、よほど的を射た表現だったのでしょう。

そのほか、相撲の決まり手に関係する言葉は、今でも日常会話に頻繁に登場してきます。若い営業マンが得意先の都合も考えず猪突猛進の営業を展開し、かえって嫌われてしまうケースは「勇み足」です。

戦争で双方損害を抱えながら勝敗がつかない決着の仕方は「痛み分け」です。ちなみに、痛み分けは取り組み中に一方の力士が負傷しこれ以上競技が続行できないと判断されたときの措置で、行司は「片や痛み引き分け預かりおきます」と口上を述べ、星取表には△の印がつく、現在でも生きている正式なルールです。

喧嘩を覚悟で乗り込んでいったのに、相手が妙にニコニコして気勢をそがれた場合は、「肩透かし」を食っちゃった、です。

気負って始めた仕事なのに途中でやめてしまうのは「腰砕け」です。腰砕けは、勇み足と同じ自分の一方的な動きによる負けで、非技[※1]と呼ばれる決まり手82手以外の勝負判定として、これもルール化されています。

　こう見てくると、相撲社会の言語はなかなか味があります。それだけに一般社会にも受け入れられたのですが、片や相撲社会の中だけで通用している独特の隠語の中にも味わい深い言葉がいくつか存在します。くどくど説明しているよりも一言で済ませられるので、力士だけではなく、相撲担当記者仲間での会話にも隠語は必要欠くべからざる存在でした。

　実例を挙げると、まず、今日は仕事が終わった後に一杯飲みたいけど、懐がままならない、先輩におごってもらおうというケースは、一般的には「たかる」ですが、相撲界では「おっつける」です。「きのうは課長をおっつけちゃった」というように使います。反対におごってあげるのは「胸を出す」です。「きょうはおれが胸を出すから、一杯行こうか」というふうに使います。

　からかった相手が怒り始めるのを「かたくなる」といいます。なだめるときは「冗談だよ、そんなにかたくなるなよ」といなします。怒ったりすねたりすることは「北を向く」です。変わり者、偏屈な者は「あいつは北向きだ」と言います。北向天神を北向変人とシャレたのが語源です。

　融通がきかない頑固者、自分に非があっても認めたがらない強情張りは「どっこい」です。相撲言葉では動詞の「ＤＯ」を「～決める」と表現します。「頼むよ、そこのところ」とお願いしても頑として聞き入れられないのは「どっこい決められた」。で、結局、攻めきれないで折れてしまうのは「どっこい負け」です。

「しょっぱい」は軽蔑語だけに頻繁に使用されます。弱いこと、活気がないこと、貧乏くさいこと、マイナス系すべてに当てはまる言葉で、使い方は「あいつの相撲はしょっぱい」「そんなしょっぱい店には行けるか」「きょうはちょっと懐がしょっぱいんだ」です。

個人的に最も便利だと感じた業界言葉は「盆中《ぼんなか》」でした。意味は〝気をきかすこと〟で、たとえば彼女とのデートがあって、上司に内緒で外出先から直帰するようなとき、友人が「工藤は急に得意先に呼び出されました」と言ってくれるようなケースです。頼まれもしないのにこのような台詞が出てくることを「盆中きかす」「盆中わかる」と言い、逆に、上司からの電話に「工藤さんでしたら、今日はデートで会社には戻りません」と正直に答えてしまうのが「盆中こわす」です。

相撲界は上下関係が厳しい男性中心の体育系社会ですから、このような相手の気持ちを察知する能力が非常に尊重されます。

それにしても、個人的には、このような味のある言い回しを何とか一般化できないものか、と真剣に考えています。

業界用語その2
「首投げ、ごっちゃんです」

あるとき、相撲をまったく知らない女性タレントが、テレビ番組のインタビュアーとしていくつかの相撲部屋の本場所前の取材をしたことがあった。

力士は、その風体とは逆に若い女性にはことのほか親切でやさしいから、インタビューもスムーズに進行し、レポーター役の女性タレントも満足していた。

あるとき、女性タレントは親しくなった力士の一人から、業界特有の言葉遣いを教えてもらった。

「相撲界には古くからのしきたりがあって、初めて部屋を訪ねるときは〝首投げ、ごっちゃんです〟と言うことになっているんだよ。これは、一生懸命やりますからよろしくお願いします、の意味なんだ。君も今度他の相撲部屋に行ったら、大きい声でこのあいさつ言葉を言ったほうがいい」

翌日、女性タレントは、朝げいこ真っ只中の相撲部屋に取材に行った。もちろん、教えてもらったことは忘れてはいない。玄関に入るなり、明るい声で「首投げ、ごっちゃんです」と言ったのだ。

その瞬間、上がり座敷の親方も、土俵でけいこしていた力士も、タオルを持っていた付け人の取的も、みんな目がテンになってしまった。

実は「首投げ、ごっちゃんです」が「一生懸命やりますからよろしく」などとは真っ赤な嘘。これは「私とセックスしてください」という意味だったのだ。

「首投げ」は技が決まったときの形が似ていることから、女性と寝ること。「ごっちゃんです」は、～をお願いします、を意味する。

こういうイタズラが横行するのもまた、相撲界の楽しいところの一つでもあるのだ。

第八章◇相撲の課題と今後

相撲はこれからどうなっていくのだろう

友人や知人と話していて、相撲の話になると必ず話題にのぼるのが外国人力士の問題です。「確かに相撲は面白いけど、外人ばっかりだからな」から始まって、「要するに日本人力士がだらしなさすぎるんだよ」と憤慨し、「相撲は国技なのに、このままじゃ外国人に乗っ取られてしまうよ」がだいたいの結論です。

平成16年春場所、各段の優勝者に外国人がずらりと名前をそろえました。幕内優勝は横綱・朝青龍（モンゴル）、以下十枚目・白鵬（モンゴル）、幕下・琴欧洲（ブルガリア）、三段目・南乃島[※1]（トンガ）で、日本人は、序ノ口、序二段の二つだけ。一場所おいた名古屋場所も同様の結果で、幕内・朝青龍、十枚目・琴欧洲、三段目・鶴竜[※2]（モンゴル）、序ノ口・把瑠都（エストニア）で、日本人はまたも幕下、序二段の二つの段でしか優勝者を出せませんでした。このような状況がマスコミの話題にのぼったこともあって、外国人力士脅威論がじわじわと蔓延していったのです。

平成19年初場所の番付を見てみましょう。全幕内力士42人中、外国人力士は13人です。内訳はモンゴル7人、ロシア2人、ブルガリア、グルジア、エストニア、韓国が

※1　**南乃島勇**　昭和58年6月2日、トンガ王国生まれ。武蔵川部屋。

※2　**鶴竜力三郎**　昭和60年8月10日、モンゴル・ウランバートル生まれ。井筒部屋。

※3　**安馬公平**　昭和59年4月14日、モンゴル・ウランバートル生まれ。安治川部屋。

※4　**朝赤龍太郎**　昭和56年8月7日、モンゴル・ウランバートル生まれ。高砂部屋。

※5　**時天空慶晃**　昭和54年9月10日、モンゴル・トゥブ県アルタンボラク生まれ。時津風部屋。

※6　**旭天鵬勝**　昭和49年9月13日、モンゴル・ナライハ生まれ。大島部屋。

※7　**鏡里喜代張治**　第42代横綱。大正12年4月

それぞれ1人です。幕内での外国人力士の比率は30・9％でおおよそ3人に1の割合ですが、これを前頭5枚目以上の上位力士20人に絞ってみると、外国人力士は9人で比率は45％、小結以上の三役10人中では4人と、上位力士は半分近くが外国人力士になっています。

毎日の取り組みの最後の十番には、ほとんど外国人力士が登場してくるのですから、一般の日本人が「相撲はいつの間にか外人ばかりになってしまった」という印象を持ってしまうのも当然かもしれません。

とくにモンゴル出身者は、幕内で7人。それも横綱の朝青龍、期待の大関・白鵬、体は細いがしぶとい相撲を取る安馬[※3]、技の切れる朝赤龍[※4]、時天空[※5]、ベテランの巧さを発揮する旭天鵬[※6]、新鋭の鶴竜と役者ぞろいなので、よけいに印象に残ります。幕内力士の出身国（県）別ランキングでは、相撲王国といわれ過去横綱6人（若乃花、鏡里[※7]、栃ノ海、2代目若乃花、隆の里、旭富士）を輩出している青森の5人を抜いて、モンゴルは堂々の1位なのです。

高見山が一人踏ん張っていた時代は、外国人ゆえ温かい声援が送られ、小錦[※8]、曙、武蔵丸の200キロ超級のハワイ巨漢勢の時代も、日本人のファンは比較的寛大でした。ところがモンゴル勢を中心とした今の状況は、一般のファンも「このまま進んでしまったら」と心配しています。

30日、青森県三戸町生まれ。昭和28年春場所新横綱。33年1月引退。174cm、161kg。優勝4回。太鼓腹を利しての寄りが得意。引退後は立田川部屋を創設。昭和63年定年退職。

※8　小錦八十吉　昭和38年12月31日、米国ハワイ州生まれ。昭和62年名古屋場所新大関。平成9年11月引退。183cm、284kg。優勝3回。引退後は年寄佐ノ山を襲名したが、その後廃業しタレントに転向。

なぜ、このような状況になってしまったのかは、力士の供給源の問題が根本にあります。つまり、日本のGNPが世界第2位になり、国の富が地方にも十分に配分されるようになった昭和40年代後半から、従来力士の供給源だった、地方の第一次産業従事者の生活が豊かになったのです。その結果、昭和50年に集団就職列車の運行が終了、地方の進学率も上昇し、いわゆる「田舎の貧乏人」がどんどん減ってしまったのです。

同じく平成19年初場所の番付で、今度は日本人力士の学歴を見てみましょう。かつて力士の学歴は圧倒的に中卒でした。ほとんどの力士は中学を卒業する春場所で新弟子検査を受け、力士への道を歩き始めました。

ところが、19年初場所の幕内力士42人のうち中卒はたった7人しかいません。なんと6人に1人の割合です。魁皇、千代大海、稀勢の里[※9]といった上位力士が中卒からのたたき上げなのが興味深い点ではありますが、今や力士も一般社会と同じように高卒以上が主流なってしまったのです。

幕内力士42人のうち高卒が5人、大学中退が3人、大学卒業が14人。日本人の幕内力士は29人ですから、日本人の大学出（中退も含む）力士の割合は58・6％にもなっているのです。家が一次産業で学歴は中卒という、かつての力士出身者の典型的なパターンは、前頭十枚目の十文字[※10]たった1人しかいません。中卒の豊桜の父親は元力士、

※**9** **稀勢の里寛** 昭和61年7月3日、茨城県牛久市生まれ。鳴門部屋。

※**10** **十文字昭憲** 昭和51年6月9日、青森県三戸郡階上町生まれ。陸奥部屋。

※**11** **玉春日良二** 昭和47年1月7日、愛知県西予市生まれ。中央大学卒。片男波部屋。

※**12** **琴光喜啓司** 昭和51年4月11日、愛知県岡崎市生まれ。佐渡ケ嶽部屋。

※**13** **琴奨菊和弘** 昭和59年1月30日、福岡県柳川市生まれ。佐渡ケ嶽部屋。

※**14** **輪島大士** 第54代横綱。昭和23年1月11日、石川県七尾市生まれ。48年名古屋場所新横綱。56年3月引退。186cm、132kg。優勝14回。引

玉春日、[※11]栃乃洋の実家はそれぞれ農業、漁業を営んでいますが、2人とも大学を卒業しています。

同じプロ・スポーツの中で、ゴルフがかつてはゴルフ場近くの農家の子弟がキャディーのアルバイトをしながらプロになりました。青木功をはじめ杉原輝雄らは中卒のたたき上げです。しかし、最近は親が英才教育を施し、その一貫としてゴルフの強い高校、大学に通わせる形が多くなりました。

大相撲も同様のパターンが目立つようになりました。トヨタ自動車相撲部監督の次男の琴光喜。[※12]琴将菊[※13]はプロになるために朝青龍も卒業した高知の明徳義塾高校に国内相撲留学し、高卒でプロ入り。ちなみに実家は建設会社を経営し、菊はその会社の社名から取ったものです。

こう見てくると、世間知らずの中卒で入門、朝暗いうちから起き、ちゃんこ番や付け人をつとめ、兄弟子にどやされながらじっと辛抱し、悔しさをばねにけいこを重ねて出世していくというかつての相撲界の常識は、皮肉なことに外国人が担うようになってしまったのです。

ところが大学出が多くなったとはいえ、横綱で大学出身者は未だに、昭和48年名古屋場所に新横綱になった輪島[※14]1人しかいません。逆に外国人横綱は曙、武蔵丸、朝青龍と3人です。プロになるなら早い時期から、はテニス界では常識です。プロ野球で

退後は年寄花篭を襲名したが、昭和60年12月廃業。

も、松井秀喜やイチロー、松阪を見ても結論は出ているように思えます。

外国人力士の多さは、日本社会が豊かになった一つの証しともいえます。しかし、大卒の学歴が安定した社会生活を送るパスポートではなくなり始めている現在、20代前半で3000万円以上の年収が得られるばかりか、努力すれば生涯安定した生活を保障される大相撲の魅力は見直されるはずです。

大相撲の外国人力士脅威論は、むしろ、日本の風土と歴史が培った、世界に誇れる相撲独特の文化、価値観が、外国人力士によって（もちろん日本人力士も）ないがしろにされていくことではないでしょうか。その点、相撲協会、とりわけ師匠の役割は大きいといえます。

さて、平成19年初場所が終わった翌日に発売された週刊誌（週刊現代）が、朝青龍を中心とした大相撲の八百長を報道しました。担当記者時代、知人友人から最も多く発せられた質問が「八百長は本当にあるのか」でした。このような質問に対しての答えは、現実として「がちんこ（真剣勝負）」「注射（八百長を仕掛ける）」という隠語が相撲界に存在している、ことです。

記者時代、協会サイドの人間から飲んだ席で「あの一番は注射だよ」と何回か聞かされたことはありますが、実際にやった本人から「おれは八百長をやった」というコメントは、酒席も含めて一度も耳にしたことはありません。

大相撲では「日本相撲協会寄附行為施行細則付属規定」で、著しく戦闘意欲に欠けていると判断される取り組みを「無気力相撲」と呼び、特に故意による無気力相撲には「懲罰規定」が設けられています。罰則は最高で除名（第６条）、力士の師匠も連帯して責任を負い（第７条）、関連した者も力士と同等の懲罰を受ける（第８条）と厳しいものです。

結論からいうと〝あえて本気を出さずに相手に勝たせる〟行為を「八百長」と定義するならば、「八百長」は１００％存在しない、というのはきれいごとすぎます。

力士にとって対戦相手は当座の敵ですが、土俵を下りれば相撲界という運命共同体の中で同じ釜の飯を食っている仲間です。仲間との一対一の勝負に、すべての場面で情を一切捨て去ることは、あまりにも建前論すぎるのではないでしょうか。落語の「佐野山」では八百長が美談として取り上げられています。「和」を尊び、基本的に争いごとを避けたがる日本人独特のメンタリティーが根底にあるような気がするからです。

しかし、八百長が跋扈すれば、観客が離れていくか、あるいはプロレスのようにリング外までも含めたあざといストーリーを演出してドラマ性を強調するしか生きる道はなくなります。

相撲は一見、勝ち負けを決める格闘技の一ジャンルのように思われがちですが、歴史や伝統や文化の香りを内在したパフォーマンスであり、また洗練されたルールに基づいたスポーツであり、そして格闘技でもあります。このうちのどれが欠けても相撲の魅力は半減してしまうでしょう。逆にいえば、様式美とスポーツと格闘技の要素がバランスよく配され、時代に合わせて少しずつ修正が加えられてきたからこそ、現在も公的機関の金銭的な補助を受けずに存続しているし、海外公演での外国人の評価も高いのではないでしょうか。

日本人にとって相撲はあまりにも身近に存在し、そのすばらしさに気がつかない〝青い鳥〟なのかもしれません。皇族から庶民まで、同じ感動を共有できる「相撲」の前途は、そう簡単に暗くなるはずはないと確信していますし、そうあるべきだと私は思っています。

あとがき

20世紀最後の年、すでに新聞社を退職し、食品メーカーで管理職をしていた私は、懇意にしていたコンサルタント氏から、経営のヒントとしてこんな話を聞かされました。

曰く「90年代から日本の企業は成果主義など、アメリカ的な制度を積極的に取り入れるようになりましたが、これは危険です。アメリカ流の弱肉強食のシステムを日本にそのまま導入すれば、貧富の差は拡大し、道徳や宗教という歯止めがなければ、強者は奢り敗者は僻みます。そして自分のことしか頭にない人間が跋扈しはじめ、なんとも潤いのない殺伐とした世の中になってしまうおそれがあるからです。アメリカ的な個人主義、原理主義的自由競争一辺倒ではなく、日本人の持っている集団主義を生かし、個人と集団、自由と規律が共生できるような仕組みと文化を新しく作っていくのが、我々が21世紀を乗り切るためのキーワードだと思いますよ」。

このことを聞いてすぐに思い浮かんだのが、かつて興味を抱いて自分なりに調べた相撲社会のシステムでした。

本書の中で重ねて書いてきたように、相撲はただ単に、体が人並み外れて大きい太った男が土俵という狭い競技場の中で行う特殊な格闘技、ではありません。確かに、相撲はスポーツの一種ではあります。しかし、単純にスポーツと言い切ってしまうには奥が深すぎます。もし力士がまげをつけず、化粧まわしの代わりにガウンを羽織り、立ち合いはゴングで始まるようになったとしたらどうでしょう。私たちは相撲に今ほどの愛着心を抱くことが出来るでしょうか。

そういう点では、相撲の様式美はスポーツを超えた独自の文化を演出しています。大げさにいえば、日本の過去を現代に伝えている〝文化財〟でもあるわけです。

冒頭に書いたコンサルタント氏の危惧は7年を経過した現在、半分は的中しました。「勝ち組」「負け組」という個人的には大嫌いな殺伐とした言葉が平気で飛び交うようになり、格差社会はあっという間に伸展し、格差是正は国政選挙の最大の争点になりつつあります。

古い価値観を単に今の時代に合っていないと排斥し、新しい価値観を無条件で礼賛したことに、私たちはそろそろ気がつきはじめたのではないでしょうか。昨今のスローライフ・ブームや江戸文化の見直しなどは、そういった行き過ぎに対しての自然発生的な回帰現象と見ることもできます。

というような背景をなんとなく感じつつ、相撲という日本人にとって等しくなじみのある娯楽の中身に関して、原点に帰って素直に「なぜ」をわかりやすく追求してみたいと思ったのが本書を書く動機でした。

したがって、想定した読者は、決して相撲が大好きなオタクではなく、テレビ桟敷で何気なく相撲を観戦している普通の日本人です。専門用語に注釈をつけたのも、そのためです。私の思いがどの程度伝わったか、もとより浅学非才の身ゆえ、甚だ心もとない限りですし、専門家諸兄の謗りも聞こえてきそうですが、相撲という競技の奥に横たわっている「日本的なもの」を感じる一助になればこんな著者冥利に尽きることはありません。

本書の出版の機会を与えてくださった日東書院本社をはじめ、執筆するにあたって、きっかけをつくっていただいたプロランドの山本雅子さん、適切なアドバイスを頂戴した細萱幸子さん、資料の提供や物の見方について面白い意見を出してくれた長男の卓哉、現在の相撲界の情報を提供してくれた日刊スポーツ新聞社の旧友たち、かつて相撲界に籍を置き、肌で角界の雰囲気を身につけているだけに、すばらしい絵を描いていただいた琴剣画伯。多くの方々のお世話になりました。また、最後になりましたが、記者時代からお世話になりっぱなしで、個人的にも尊敬している北の富士さんには、身に余る推薦のお言葉をいただき、感激しているしだいです。皆様に、心から感謝をいたします。

平成十九年四月

工藤隆一

◆主な参考文献

金指基原著・財団法人日本相撲協会監修『相撲大事典』（現代書館・2002年）
中島隆信『大相撲の経済学』（東洋経済新報社・2003年）
高橋義孝監修・北出清五郎・水野尚文編『相撲歳時記』（TBS ブリタニカ・1980年）
小島貞二『大相撲人物史』（千人社・1979年）
真石博之『「うっちゃり」はなぜ消えたのか』（日本経済新聞社・2000年）
吉村昭編『日本の名随筆別巻2・相撲』（作品社・1991年）
銅谷志朗『おもしろ相撲学』（全国朝日放送株式会社・1986年）
新山善一『大相撲ばなし』（東京新聞出版局・1981年）
高見山大五郎『大相撲を100倍愛して!』（グリーンアロー出版・1983年）
石井代蔵『相撲奇峻人列伝』（講談社・1974年）
琴剣淳弥『まんが「ちゃんこ」入門』（講談社α文庫・2006年）
『激動の昭和スポーツ史⑪相撲・上下』（ベースボール・マガジン社・1989年）
ゴング格闘技増刊号『昭和・平の人気力士100人』（日本スポーツ出版社・1994年）
相撲編集部編『別冊相撲夏季号・国技大相撲のすべて』（ベースボール・マガジン社・1974年）
別冊歴史読本『図録「日本相撲史」総覧』（新人物往来社・1992年）
歴史街道特別増刊号『相撲なるほど歴史学』（PHP 研究所・1992年）
相撲編集部編『別冊相撲新春号・大相撲大百科』（ベースボール・マガジン社・1989年）
半藤一利『大相撲こてんごてん』（ベースボール・マガジン社・1991年）
池田雅雄『相撲の歴史』（平凡カラー新書・1977年）
石川英輔『大江戸番付事情』（講談社文庫・2004年）
松田忠徳著『朝青龍はなぜ負けないのか』（新潮社・2005年）

山本博文『江戸時代を「探検」する』（文芸春秋・1996年）
杉浦日向子『一日江戸人』（新潮文庫・2005年）
菊地ひと美『花の大江戸風俗案内』（ちくま文庫・2002年）
新谷尚紀『なぜ日本人は賽銭を投げるのか』（文春新書・2003年）
小池長之『知っておきたい日本宗教の常識』（日本文芸社・2006年）
中江克己『江戸の遊び方』（知恵の森文庫・2000年）
鈴木由紀子『大奥の奥』（新潮新書・2006年）
京須偕充『とっておきの東京ことば』（文春文庫・2006年）
諏訪春雄『江戸っ子の美学』（日本書籍・1980年）
大野敏明『知って合点江戸ことば』（文春文庫・2000年）
北村鮭彦『おもしろ大江戸生活百科』（新潮文庫・2004年）
本田総一郎『知っているようで知らない!日本神道』（日本文芸社・2006年）
氏家幹人『大江戸死体考』（平凡社新書・1999年）
西山松之助編『江戸ことば百話』（東京美術・1989年）
花咲一男監修『大江戸ものしり図鑑』（主婦と生活社・1994年）
井沢元彦『逆説の日本史1』（小学館・1993年）

榎本滋民著・京須偕充著『落語言葉辞典』（岩波書店・2004年）
立川談志『立川談志遺言大全集5書いた落語傑作選五』（講談社・2002年）

大相撲記録の玉手箱（http://www.fsinet.or.jp/~sumo/sumo.htm）
財団法人日本相撲協会（http://www.sumo.or.jp）
相撲評論家之頁（http://park11.wakwak.com/~tsubota/door1.html）

著者

工藤《くどう》隆一《りゅういち》

1949年、青森県青森市生まれ。慶應義塾大学法学部卒。1972年日刊スポーツ新聞社入社。1974年から運動部。記者時代は大相撲のほか、ゴルフ、ボクシングなども担当。東北支社次長、企画部長を歴任後、エフエム青森に出向し、1997年に退社。その後、食品メーカーで営業、マーケティング、商品開発を担当し、現在は物流会社役員。相撲のみならず、スポーツを文化、歴史、制度、社会などとの関わりでとらえたコラムも執筆。

イラスト

琴剣《ことつるぎ》淳弥《じゅんや》

本名・宮田登。1960年、福岡県田川郡生まれ。15歳で佐渡ケ嶽部屋に入門。もともと絵が好きだったことから、現役中より漫画家としても活動。1986年秋場所で引退。相撲漫画家として月刊誌『相撲』、『報知新聞』などに連載を持つほか、東京・調布市わんぱく相撲指導員、ラジオ番組出演など多方面で活躍。社団法人日本漫画家協会会員。
著書に『相撲おもしろちゃんこ鍋』(博栄出版)、『琴剣のごっつあんです』(NTT出版)、『おすもうさん』(小峰書店)、『琴剣のちゃんこ道場』(ベースボール・マガジン社)、『マンガちゃんこ入門』(講談社)などがある。

企画・編集	有限会社プロランド
本文デザイン	中川まり(ジン・グラフィック)
カバーデザイン	FROG KING STUDIO

大相撲の「なぜ?」がすべてわかる本。
力士はなぜ四股を踏むのか?

2007年5月10日　初版第1刷発行

著者●工藤隆一
発行者●穂谷竹俊
発行所●株式会社 日東書院本社
〒160-0022　東京都新宿区新宿2丁目15番14号　辰巳ビル
TEL●03-5360-7522(代表)　FAX●03-5360-8951(販売部)
振替●00180-0-705733　URL●http://www.TG-NET.co.jp

印刷所●株式会社 三光デジプロ　製本所●ナショナル製本協同組合

ISBN978-4-528-01171-7 C0075